ETHOS MUNDIAL

Leonardo Boff

ETHOS MUNDIAL

Um consenso mínimo entre os humanos

EDITORA RECORD
RIO DE JANEIRO • SÃO PAULO

2009

CIP-BRASIL. CATALOGAÇÃO-NA-FONTE
SINDICATO NACIONAL DOS EDITORES DE LIVROS, RJ

B661e
Boff, Leonardo, 1938-
Ethos mundial : um consenso mínimo entre os humanos / Leonardo Boff. - Rio de Janeiro : Record, 2009.

Inclui bibliografia
ISBN 978-85-010-8688-4

1. Ética. I. Título.

09-1464.
CDD: 170
CDU: 17

Copyright © by Animus/Anima Produções Ltda., 2009.
Caixa Postal 92144 — Itaipava, Petrópolis, RJ — Cep 25741-970
Assessoria Jurídica do autor: Cristiano Monteiro de Miranda
(cristianommiranda@terra.com.br)

Capa: Adriana Monteiro de Miranda
Diagramação de miolo: ô de casa

Texto revisado segundo o Novo Acordo Ortográfico da Língua Portuguesa

Todos os direitos reservados. Proibida a reprodução, armazenamento ou transmissão de partes deste livro, através de quaisquer meios, sem prévia autorização por escrito.

EDITORA AFILIADA

Direitos exclusivos desta edição reservados pela
EDITORA RECORD LTDA.
Rua Argentina, 171 — Rio de Janeiro, RJ — 20921-380 — Tel.: 2585-2000

Impresso no Brasil
ISBN 978-85-010-8688-4
PEDIDOS PELO REEMBOLSO POSTAL
Caixa Postal 23.052 — Rio de Janeiro, RJ — 20922-970
Impresso no Brasil
2009

SUMÁRIO

Prefácio	09
Urgência de um ethos mundial	11
O ethos mundial de que precisamos	13
1. Problemas globais, soluções globais	13
2. A revolução possível em tempos de globalização	15
O planetário: novo patamar da terra e da humanidade	19
1. Uma visão ecocêntrica	22
2. Ótica global — ética global	23
3. Globalização e nova cosmologia	24
4. O diálogo obrigatório de todos com todos	25
Como fundar uma ética planetária?	27
Que é ética, que é moral	30
Como se relaciona a ética com a moral	31
Os dois projetos éticos da modernidade	35
Natureza e espírito na ética contemporânea	37
Formas de universalização do discurso ético	41
Introdução	43
O utilitarismo social: alcance e limite	43
1. Princípios do ethos utilitarista	44
2. Aplicação dos princípios à globalização	46
A ética da ação comunicativa e da justiça	48

6 Leonardo Boff

1. O resgate da dimensão ética da modernidade — 48
2. Aplicação dos princípios à globalização — 51
A ética fundada na natureza: qual natureza? — 53
1. A dupla dimensão do ser humano — 54
2. Distorções na compreensão da natureza — 56
3. O dado e o feito na natureza — 57
4. Aplicação do ethos da natureza à globalização — 59
Ética mundial fundada nas tradições religiosas — 61
1. Paz religiosa, base para a paz política — 61
2. Consenso mínimo sobre um ethos mundial — 63
A ética fundada no pobre e no excluído — 66
1. Princípio supremo: liberta o pobre — 66
2. A universalidade pela via da parcialidade — 68
Dignitas terrae: uma ética ecocentrada — 70
1. Antecedentes históricos da Carta da Terra — 70
Princípios e valores éticos da Carta da Terra — 73
1. Respeitar e cuidar da comunidade de vida — 74
2. Integridade ecológica — 74
3. Justiça social e econômica — 74
4. Democracia, não violência e paz — 75

Conclusão: um ethos e muitas morais — 77

O pathos e o cuidado como nova plataforma do ethos humano e planetário — 79
Sinto, logo existo — 82
A essência humana: o cuidado — 84

Imperativos mínimos de uma ética mundial — 85
Ética do cuidado — 87
Ética da solidariedade — 88
1. A lei cósmica da solidariedade — 89

Ethos Mundial 7

2. A solidariedade política	89
3. A subjetividade da natureza	91
Ética da responsabilidade	92
Ética do diálogo	94
Ética da com-paixão e da libertação	96
Ética holística	98
Mística e espiritualidade: base para uma ética mundial?	101
Que é espiritualidade e mística	104
Convergências entre as religiões	105
Conclusão: virtudes de um ethos mundial	109
Indicações bibliográficas	113
A Carta da Terra	117
O caminho adiante	124
Obras do autor	125

PREFÁCIO

Estamos caminhando de forma acelerada rumo à constituição de uma única sociedade mundial. Esse fenômeno inaugura uma nova etapa da história da Terra, entendida como Gaia, e funda um patamar novo da história evolutiva dos seres humanos. Os filhos da Terra, dispersos em seus continentes, regiões e estados-nações, começaram a se mover e a se encontrar no seio da única casa comum que possuímos, o planeta Terra. Cada qual carrega suas singularidades culturais, suas tradições, seus modos de produção, suas formas políticas, suas religiões e seus códigos éticos. Há conflitos históricos entre povos, há choques de civilizações. Como garantir um consenso mínimo entre todos para que possam conviver em paz e em solidariedade? Como encontrar um denominador mínimo que permita a convergência na diversidade?

Essas são as preocupações que motivaram o presente trabalho sobre um Ethos Mundial em nova edição pela Record. O tema é extremamente complexo. Por isso, nossas reflexões possuem apenas caráter introdutório. O objetivo maior é apresentar bem os termos da questão. E principalmente tornar consciente nosso lugar social, a partir do grande Sul, onde estão os excluídos e destituídos da história. Uma ética planetária que não enfrenta, de saída, a injustiça social mundial e a alarmante injustiça ecológica não merece esse nome. Estaremos atentos a essas questões vitais, daí a pretensão libertária de nosso texto.

Fazemos nossa a convicção de Heráclito, aquele genial pensador pré-socrático que bem dizia: "O Ethos é o gênio protetor do ser humano."

O Ethos, traduzido em cuidado, cooperação, corresponsabilidade, compaixão e reverência, salvará, ainda uma vez, a humanidade, a vida e a Terra.

URGÊNCIA DE UM ETHOS MUNDIAL

O ethos mundial de que precisamos

Três problemas suscitam a urgência de uma ética mundial: a crise social, a crise do sistema de trabalho e a crise ecológica, todas de dimensões planetárias.

1. Problemas globais, soluções globais

Em primeiro lugar, a crise social. Os indicadores são notórios e não precisamos aduzi-los. A mudança da natureza da operação tecnológica, mediante a robotização e a informatização, propiciou uma produção fantástica de riqueza. Ela vem apropriada, de forma altamente desigual, por grandes corporações transnacionais e mundiais que aprofundam ainda mais o fosso existente entre ricos e pobres. Essa acumulação é injusta, porque pessimamente distribuída. Os níveis de solidariedade entre os humanos decaíram aos tempos da barbárie mais cruel.

Tal fato suscita um fantasma aterrador: uma bifurcação possível dentro da espécie humana. Por um lado, estrutura-se um tipo

14   Leonardo Boff

de humanidade opulenta, situada nos países centrais, que controla os processos científico-técnicos, econômicos e políticos e é o oásis dos países periféricos onde vivem as classes aquinhoadas. Todos esses se beneficiam dos avanços tecnocientíficos, da biogenética e da manipulação dos recursos naturais e vivem em seus refúgios por cerca de 120/130 anos, tempo biológico de nossas células. Por outro, a velha humanidade, vivendo sob a pressão de manter um status de consumo razoável ou simplesmente na pobreza, na marginalização e na exclusão. Esses, os deserdados e destituídos, vivem como sempre viveu a humanidade e alcançam no máximo a média de 60-70 anos de expectativa de vida.

Em segundo lugar, a crise do sistema de trabalho: as novas formas de produção cada vez mais automatizadas dispensam o trabalho humano; em seu lugar, entra a máquina inteligente. Com isso, destroem-se postos de trabalho e tornam-se os trabalhos descartáveis, criando um imenso exército de excluídos em todas as sociedades mundiais.

Tal mudança na própria natureza do processo tecnológico demanda um novo padrão civilizatório. Haverá desenvolvimento sem trabalho. A grande questão não será o trabalho – este no futuro poderá ser o luxo de alguns –, mas o ócio. Como passar de uma sociedade de pleno emprego para uma sociedade de plena atividade que garanta a subsistência individual? Como fazer com que o ócio seja criativo, realizador das virtualidades humanas?

Libertado do regime assalariado a que foi submetido pela sociedade produtivista moderna, especialmente capitalista, o trabalho voltará à sua natureza original: a atividade criadora do ser humano, a ação plasmadora do real, o demiurgo que transporá os sonhos e as virtualidades presentes nos seres humanos em práticas surpreendentes e em obras expressivas do que seja e do que pode ser a criatividade humana. Estamos preparados para esse salto de qualidade rumo à plena expressão humana?

Em terceiro lugar, emerge a crise ecológica. Os cenários também são de amplo conhecimento, divulgados não apenas por reconhecidos institutos de pesquisa que se preocupam com o estado global da Terra, mas também pela própria Cruz Vermelha Internacional e por vários organismos da ONU. Nas últimas décadas, temos construído o princípio de autodestruição. A atividade humana irresponsável, em face da máquina de morte que criou, pode produzir danos irreparáveis à biosfera e destruir as condições de vida dos seres humanos. Numa palavra, vivemos sob uma grave ameaça de desequilíbrio ecológico que poderá afetar a Terra como sistema integrador de sistemas. Ela é como um coração. Atingido gravemente, todos os demais organismos vitais serão lesados: os climas, as águas potáveis, a química dos solos, os micro-organismos, as sociedades humanas. A sustentabilidade do planeta, urdida em bilhões de anos de trabalho cósmico, poderá desfazer-se. A Terra buscará um novo equilíbrio que, seguramente, acarretará uma devastação fantástica de vidas. Tal princípio de autodestruição convoca urgentemente outro: o princípio de corresponsabilidade por nossa existência como espécie e como planeta. Se queremos continuar a aventura terrenal e cósmica, temos de tomar decisões coletivas que se ordenam à salvaguarda do criado e à manutenção das condições gerais que permitam à evolução seguir seu curso ainda aberto.

2. A revolução possível em tempos de globalização

A causa principal da crise social se prende à forma como as sociedades modernas se organizaram no acesso, na produção e na distribuição dos bens da natureza e da cultura. Essa forma é profundamente desigual, porque privilegia as minorias que detêm o ter, o poder e o saber sobre as grandes maiorias que vivem do trabalho; em nome

16 Leonardo Boff

de tais títulos que se apropriam de maneira privada dos bens produzidos pelo empenho de todos. Os laços de solidariedade e de cooperação não são axiais, mas o são o desempenho individual e a competitividade, criadores permanentes de apartação social com milhões de marginalizados, de excluídos e de vítimas.

A raiz do alarme ecológico reside no tipo de relação que os humanos, nos últimos séculos, entretiveram com a Terra e seus recursos: uma relação de domínio, de não reconhecimento de sua alteridade e de falta do cuidado necessário e do respeito imprescindível que toda alteridade exige. O projeto da tecnociência, com as características que possui hoje, só foi possível porque, subjacente, havia a vontade de poder e de estar sobre a natureza e não junto dela e porque se destruiu a consciência de uma grande comunidade biótica, terrenal e cósmica, na qual se encontra inserido o ser humano, juntamente com os demais seres.

Essa constatação não representa uma atitude obscurantista em face do saber científico-técnico, mas uma crítica ao tipo de saber científico-técnico e à forma como ele foi apropriado dentro de um projeto de *dominium mundi*. Este implica a destruição da aliança de convivência harmônica entre os seres humanos e a natureza, em favor de interesses apenas utilitaristas e parcamente solidários. Não se teve em conta a subjetividade, a autonomia e a alteridade dos seres da própria natureza.

Importa, entretanto, reconhecer que o projeto da tecnociência trouxe incontáveis comodidades para a existência humana. Levou-nos para o espaço exterior, criando a chance de sobrevivência da espécie *homo sapiens/demens* em caso de uma eventual catástrofe antropológica. Universalizou formas de melhoria de vida (na saúde, na habitação, no transporte, na comunicação etc.) como jamais antes na história humana. Desempenhou, portanto, uma função libertadora inestimável. Hoje, porém, a continuação desse tipo de apropriação utilitarista e antiecológica

Ethos Mundial 17

poderá alcançar limites intransponíveis e daí desastrosos. Atualmente, para conservar o patrimônio natural e cultural acumulados, devemos mudar. Se não mudarmos de paradigma civilizatório, se não reinventarmos relações mais benevolentes e sinergéticas com a natureza e de maior colaboração entre os vários povos, culturas e religiões, dificilmente conservaremos a sustentabilidade necessária para realizar o projeto humano, aberto para o futuro e para o infinito.

Para resolver esses três problemas globais, dever-se-ia, na verdade, fazer uma revolução também global. Entretanto, assim nos parece, o tempo das revoluções clássicas, havidas e conhecidas, pertence a outro tipo de história, caracterizada pelas culturas regionais e pelos Estados-nações. Para tal revolução global, far-se-ia necessária uma ideologia revolucionária global, com seus portadores sociais globais que tivessem tal articulação, coesão e tanto poder que fossem capazes de impor a todos. Ora, tal situação não é dada nem possivelmente dar-se-á proximamente. E os problemas gritam por um encaminhamento, pois sem ele poderemos ir de encontro ao pior.

A saída que muitos analistas propõem e que nós assumimos — é a razão de nosso texto — é encontrar uma nova base de mudança necessária. Essa base deveria apoiar-se em algo que fosse realmente comum e global, de fácil compreensão e realmente viável. Partimos da hipótese de que essa base deve ser ética, de uma ética mínima, a partir da qual se abririam possibilidades de solução e salvação da Terra, da humanidade e dos desempregados estruturais.

Bem o reconheceu o ex-governador do Distrito Federal, o educador e economista Cristovam Buarque:

"O programa de erradicação da pobreza não será o resultado de uma revolução social, nem será possível com o poder exclusivo de um único partido; qualquer que seja o governo, será neces-

18 Leonardo Boff

sária uma base de apoio ampla, baseada numa coalizão que se fará por razões éticas, muito mais do que por razões políticas." (*A segunda abolição*, Paz e Terra, Rio, 1999, p. 30.)

Nessa linha, dever-se-á, pois, fazer um pacto ético, fundado, como veremos, não tanto na razão ilustrada, mas no pathos, vale dizer, na sensibilidade humanitária e na inteligência emocional expressas pelo cuidado, pela responsabilidade social e ecológica, pela solidariedade "generacional" e pela compaixão, atitudes essas capazes de comover as pessoas e de movê-las para uma nova prática histórico-social libertadora. Urge uma revolução ética mundial.

Tal revolução ética deve ser concretizada dentro da nova situação em que se encontram a Terra e a humanidade: o processo de globalização que configura um novo patamar de realização da história e do próprio planeta. Nesse quadro deve emergir a nova sensibilidade e o novo ethos, uma revolução possível nos tempos da globalização.

Por ethos entendemos o conjunto das inspirações, dos valores e dos princípios que orientarão as relações humanas para com a natureza, para com a sociedade, para com as alteridades, para consigo mesmo e para com o sentido transcendente da existência: Deus. Como veremos ao longo de nossas reflexões, esse ethos não nasce límpido da vontade, como Atenas nasceu toda armada da cabeça de Júpiter. Mas toda ética nasce de uma nova ótica. E toda nova ótica irrompe a partir de um mergulho profundo na experiência do Ser, de uma nova percepção do todo ligado, religado em suas partes e conectado com a Fonte originária donde promanam todos os entes.

O PLANETÁRIO: NOVO PATAMAR DA TERRA E DA HUMANIDADE

A irrupção da consciência acerca da Terra como pátria e mátria comum de todos os seres funda o novo patamar da realização da história e do próprio planeta. Esse processo de constituição já possui mais de quatro bilhões de anos. A figura dos Estados-nações circunscritos aos seus limites geográficos e culturais pertence a um outro tipo de história, embora como modelo seja ainda dominante e funcionalmente por enquanto seja imprescindível.

Importa reconhecer que o Estado-nação representa ainda um fator político decisivo na coordenação de um projeto nacional, aberto ao global, no estabelecimento de políticas públicas que somente um ente público pode operar e no controle dos grandes conglomerados globais que, ao buscar seus interesses privados, assaltam e dilapidam as economias regionais e nacionais, indefesas diante de sua voracidade ilimitada.

Ademais, enquanto não forem estabelecidas as instituições e as configurações jurídicas que assumem a governança da república terrenal e zelam pelo patrimônio comum da biosfera e da humanidade, o Estado não pode ver seu poder erodido, a preço de

22 Leonardo Boff

não se aplicarem soluções globais somente possíveis mediante ações interestatais. Enquanto tais instâncias não surgirem, cabe aos Estados, em espírito de parceria global, buscar soluções para todo o planeta e para a humanidade.

Apesar dessa sua função de salvaguarda, a categoria Estado-nação está sendo lentamente superada pela crescente consciência da cidadania planetária e pelo cuidado na preservação do patrimônio natural e cultural comum da humanidade e da biosfera, preocupação esta assumida pela própria humanidade, por suas instituições de todo o tipo (especialmente os Estados) e por cada cidadão terrenal.

1. Uma visão ecocêntrica

A globalização está ainda buscando sua expressão institucional. Ela será seguramente ecocêntrica. Colocará no centro não este ou aquele país ou bloco geopolítico e econômico, esta ou aquela cultura, mas a Terra, entendida como um macrossistema orgânico, um superorganismo vivo, Gaia, ao qual todas as instâncias devem servir e estar subordinadas. A esse centro pertence a humanidade, composta por filhos e filhas da Terra, humanidade entendida como a própria Terra que alcançou o estágio de sentimento, de pensamento reflexo, de responsabilidade e de "amorização".

Juntamente com a humanidade, devem ser considerados os demais organismos da rede da vida, com os quais a humanidade está numa profunda ligação de parentesco, pelo fato de que fundamentalmente a vida é uma e única (a mesma estrutura básica da cadeia ADN se encontra em todos os seres vivos) na diversidade de suas manifestações. Nesse sentido, não se pode pensar a Terra-Gaia e a humanidade à parte dos demais representantes da vida e das condições físico-químicas que garantem a existência e a perpetuidade da vida.

A partir dessas imbricações, nos damos conta de que tudo depende da salvaguarda da Terra e da manutenção das condições de sua vida e reprodução. Nenhum outro projeto tem sentido, pois lhe falta a precondição fundamental, exatamente a sobrevivência da Terra e dos filhos e filhas da Terra. A consciência dessa nova percepção está ainda longe de ser coletivamente partilhada.

2. Ótica global – ética global

Para uma realidade global, importa também uma ética global. Até agora predominava uma ética traduzida nas várias morais, próprias de cada cultura ou região do planeta. Elas não ficam invalidadas, pois determinam valores, normas e práticas do ser humano em seu arranjo existencial, social e ecológico concreto. Todas nasceram da reflexão humana sobre o ethos, que é de natureza universal. O ethos configura a atitude de responsabilidade e de cuidado com a vida, com a convivência societária, com a preservação da Terra, com cada um dos seres nela existentes e com a identificação de um derradeiro sentido do universo. Esse ethos básico se traduz em morais ligadas ao regional e ao cultural e, por isso, com validade limitada ao regional e ao cultural.

A demanda agora é por um ethos que seja adequado ao novo patamar da história, que é global e planetário. Esse ethos globalitário não pode ser a implantação de uma moral regional, embora dominante. Importa planejarmos um ethos que seja, realmente, expressão da globalização e da "planetização" da experiência humana, assentado sobre uma nova sensibilidade, o pathos estruturador de uma nova plataforma civilizatória.

3. Globalização e nova cosmologia

Para garantir o acerto desse ethos, importa, antes de qualquer coisa, assumir a perspectiva essencial da globalização como vem apresentada pela nova cosmologia: ver a Terra concreta, como ela se apresenta, empiricamente, ao olho da experiência cotidiana, melhorada pela análise das ciências empíricas. Nela, as coisas não estão justapostas, mas todas inter-retroconectadas. Não se trata, pois, de manter separadas, ou meramente justapostas, a Terra como planeta físico, a biosfera e a humanidade. Trata-se de manter, conscientemente, unido aquilo que sempre vem unido. Trata-se de entender a Terra como totalidade físico-química, biológica, socioantropológica e espiritual, una e complexa; numa expressão: nossa casa comum.

É a visão que resulta das naves espaciais. Lá da Lua ou no espaço exterior, a Terra aparece em sua esplêndida e frágil unidade. Não há diferença entre Terra e humanidade. Elas formam um todo orgânico e sistêmico. Essa experiência de contemplar a Terra fora da Terra está mudando o estado de consciência da humanidade, como o mudou nos astronautas; consciência que se sente unificada com a Terra e, por meio da Terra, com o cosmos.

O sistema-Terra, por sua vez, com seus subsistemas ecológicos, é fruto da história do universo. A vida aparece como emergência da complexidade da história da Terra, como matéria que se auto-organiza; e a vida humana, como irrupção da história da complexidade da vida. Aqui não há disjunção, mas conjunção. Tudo constitui um único processo complexo (portanto, não linear), dinâmico e ainda aberto.

Mais ainda, com o surgimento do cibionte (a combinação do ser humano com a cibernética), entramos definitivamente numa fase nova do processo evolucionário humano. Quer dizer, a tecnologia não é algo instrumental e exterior ao ser humano. Incorporou-se à sua natureza concreta. Sem o aparato tecnocientífico, não se pode mais entender a existência concreta e a sobrevivência humana. *Pari passu* está se criando um novo cérebro, um novo córtex cerebral, a *world wide web* (rede mundial de comunicação): a conexão de todos com todos, o acesso individual a todo o conhecimento e informação acumulada pela humanidade (via internet e rede global de comunicação). Cada pessoa se transforma, de certa maneira, num neurônio do cérebro ampliado de Gaia.

4. O diálogo obrigatório de todos com todos

Essa unidade complexa, ao ser pensada e construída como projeto coletivo, não pode ter como referência única o modelo do ser humano ocidental, branco, adulto, científico-técnico, cristão, secularizado, mas deve incorporar outros elementos civilizacionais, como o multiétnico, o multirreligioso, o feminino, os vários estados etários, entre outros. Mas fundamentalmente deve dar centralidade à questão ética e moral, pois, como vimos, a Terra está ameaçada em seu equilíbrio ecológico (ecologia ambiental) e a maioria da humanidade sofre sob pesadas injustiças sociais (ecologia social). Importa construirmos uma civilização planetária que consiga inserir a todos, que impossibilite a bifurcação da humanidade (ecologia integral) e que mantenha unidos, conscientemente, os polos da unidade e da diversidade como valores complementares (ecologia mental).

Faz-se mister, pois, por um lado, manter as culturas em sua singularidade e, por outro, abri-las a um diálogo obrigatório com todas as demais, com as perdas e ganhos que tal processo comporta. Caso contrário, fecham-se sobre si mesmas e originam os fundamentalismos de todo o matiz. Mas, ao se abrirem, revelam virtualidades latentes insuspeitadas, enriquecendo a si mesmas e as outras culturas.

Para tal diligência, faz-se necessário superar o paradigma moderno, que fraciona, atomiza e reduz. Há de se chegar ao paradigma holístico contemporâneo, que articula, relaciona tudo com tudo e vê a coexistência do todo e das partes (holograma), a multidimensionalidade da realidade com sua não linearidade, com equilíbrios/desequilíbrios, com caos/cosmos e vida/morte. Enfim, todas as coisas devem ser contempladas na e através de sua relação eco-organizadora com o meio ambiente cósmico, natural, cultural, econômico, simbólico, religioso e espiritual.

Urge, pois, alimentar uma postura global, quer dizer, pensar globalmente e agir localmente; e de pensar localmente e agir globalmente. Como Edgar Morim, o grande teórico da complexidade, chamou a atenção, o novo pensar planetário não opõe o universal ao concreto, o geral ao singular. O universal se tornou singular porque cada singular é parte e parcela do universo. O concreto é o universo terrestre, dentro do qual vivemos, nos movemos e somos. Assistimos, hoje, de forma extremamente densa, ao nascimento do universal concreto: a "planetização", novo patamar da Terra e da humanidade.

Essa leitura modificou nossa concepção do mundo, do ser humano e de sua missão na história cósmica. Para nova música, novos ouvidos. Que ética e que moral importa viver nesta era "ecozoica" e planetária? Por ela, fazemos frente aos problemas que demandam equacionamentos urgentes, como a crise social, a redefinição do trabalho e o alarme ecológico.

COMO FUNDAR UMA ÉTICA PLANETÁRIA?

Como construir uma plataforma comum sobre a qual todos possamos nos assentar e nos entender? Para viverem como humanos, os homens e as mulheres precisam criar certos consensos, coordenar certas ações, coibir certas práticas e elaborar expectativas e projetos coletivos. Sempre houve tal fato desde os primórdios da construção das comunidades humanas. Surge, então, a questão da validade de uma referência ética e moral comum que possa congregar a todos. Qual a base para essa referência comum? Hoje as relações são extremamente complexas. Postula-se uma referência para a totalidade dos seres humanos, habitantes do mesmo planeta, que agora se descobrem como espécie, interdependentes, vivendo numa mesma casa e com um destino comum. Se não criarem um acordo quanto a exigências éticas e morais mínimas, como poderão coexistir pacificamente, preservar o lar comum e garantir um futuro para todos?

Que é ética, que é moral

No encaminhamento dessas questões, precisamos voltar ao sentido originário da ética e da moralidade. Todas as morais, por mais diversas, nascem de um transfundo comum, que é a ética. Ética somente existe no singular, pois pertence à natureza humana, presente em cada pessoa, enquanto a moral está sempre no plural, porque são as distintas formas de expressão cultural da ética.

Que é a ética? A filologia da palavra ética nos serve de orientação para seu sentido originário.

Ética vem do grego ethos. Essa palavra se escreve de duas formas: com eta (a letra e em tamanho pequeno) e com o epsílon (a letra E em tamanho grande).

Ethos com e pequeno significa a morada, o abrigo permanente, seja dos animais (estábulo), seja dos seres humanos (casa). No âmbito da totalidade da Mãe-Natureza (chamada de physis, filosoficamente, e Gaia, miticamente), o ser humano delimita uma porção dela e aí constrói para si uma morada. A morada o enraíza na realidade, dá-lhe segurança e permite a ele sentir-se bem no mundo. Ela não é, de antemão, dada pela natureza, mas tem de ser construída pela atividade humana. Eis a obra da cultura. A morada deve ser cuidada e continuamente retrabalhada, enfeitada e melhorada. Em outras palavras: o ethos não é algo acabado, mas algo aberto a ser sempre feito, refeito e cuidado como só acontece com a moradia humana. Ethos se traduz, então, por ética. É uma realidade da ordem dos fins: viver bem, morar bem. Ética tem a ver com fins fundamentais (como poder morar bem), com valores imprescindíveis (como defender a vida, especialmente a do indefeso), com princípios fundadores de ações (dar de comer a quem tem fome) etc.

O centro de ethos (moradia) é o bem (Platão), pois somente ele permite que alcancemos nosso fim, que consiste em sentirmonos bem em casa. E nos sentimos bem em casa (temos um ethos, realizamos o fim almejado) quando criamos mediações adequadas, como hábitos, certas normas e maneiras constantes de agir. Por elas, habitamos humanamente o mundo, que pode ser a casa concreta, ou o nosso nicho ecológico local, regional, nacional ou nossa casa maior, o planeta Terra.

Para Aristóteles, o centro do ethos (moradia) é a felicidade, não no sentido subjetivo moderno, mas no sentido objetivo, como aquele estado de autonomia vivido no nível pessoal e no nível social (polis). Poderíamos traduzir essa felicidade/autonomia como a autorrealização do cidadão em sua dimensão pessoal e social. Esse fim, a autonomia, realiza-se por intermédio de mediações, tais como hábitos, virtudes e estatutos jurídicos, que são os caminhos concretos da autorrealização pessoal e societária.

Esses meios também eram chamados de ethos, mas escrito com E grande (o epsílon, em grego). Ele significa os costumes, vale dizer, o conjunto de valores e de hábitos consagrados pela tradição cultural de um povo. Ethos como conjunto dos meios ordenados ao fim (bem/autorrealização) se traduz comumente por moral. Moral (mos-mores, em latim) significa, exatamente, os costumes e valores de uma determinada cultura. Como são muitos e próprios de cada cultura, tais valores e hábitos fundam várias morais. Como se depreende, o ethos/moral está sempre no plural, enquanto o ethos/casa está sempre no singular.

Como se relaciona a ética com a moral

Ethos com e pequeno (morada) e ethos com E grande (costumes), ou ética e moral, articulam-se intrinsecamente. Os hábitos e os

32 Leonardo Boff

costumes (ethos/moral) visam a fazer a moradia e o meio social sustentáveis, autônomos e habitáveis (ethos/ética) para todos, portanto, bons e produtores de felicidade. Demos um exemplo concreto dessa imbricação entre ética e moral. Para efeito de clareza, vamos usar formulações negativas.

Que significa dizer: "Essa pessoa não possui ética?" Significa dizer: "Essa pessoa não possui princípios, age oportunisticamente, consoante as vantagens que possa auferir; dela não se poderá esperar nenhum comportamento coerente e previsível, porque não possui uma opção fundamental de vida." Não tem ética, por exemplo, um jornalista que trai seus princípios para fazer, por bom dinheiro, a campanha de um político notoriamente corrupto. A alegação de que faz um "trabalho profissional" não justifica a traição ética do jornalista ou de nenhum outro profissional.

Que significa dizer "essa pessoa não possui moral"? Significa: "Essa pessoa não possui virtudes, mente, engana clientes, rouba dinheiro público, explora trabalhadores, faz violência em casa." Essa pessoa pode até ter ética (princípios e valores fundamentais), mas age em contradição com os seus princípios.

Pode ocorrer que a pessoa não possua nem ética nem moral: age aleatoriamente, consoante seus interesses mais imediatos. Não tem princípios e atua consoante as vantagens individuais. Exemplo disso pode ser o de uma modelo ou atriz que se deixa fotografar nua, em poses provocantes, em revistas de grande circulação, em troca de muito dinheiro. A alegação de que se trata de "nu artístico" ou de que é "um trabalho profissional" não desculpa a falta de ética (princípios, atitudes fundamentais) e a falta de moral (atos contrários aos princípios). Outras artistas igualmente formosas, mas com ética e moral, jamais venderiam sua imagem por dinheiro nenhum, exatamente para não contradizer sua ética e moral.

Ethos Mundial 33

Mas eis que surge uma questão iniludível: quem define o que seja ético e moral para a morada humana? Que instância apontará os critérios de bondade ou de maldade, sejam da moradia humana (ethos), sejam dos costumes e valores (moral) que organizam essa moradia? Há muitas respostas. A tradição grega, da qual somos herdeiros, diz unanimemente: cabe ao logos humano (razão) definir o que é bom e habitável para todos. Para cumprir bem essa sua missão, o logos deve saber auscultar a natureza. Ela não é muda. Está cheia de mensagens e de apelos. Os gregos vão mais longe. Afirmam que o logos humano não está fora e acima da natureza (physis); é parte dela, um órgão da própria natureza que capacita captar o que é bom ou ruim para a morada humana. Portanto, a natureza, entendida como a energia originária (physis), não se inimiza com o logos, mas se expressa por meio dele e com ele.

Aqui se operou uma decisão grávida de consequências para toda a história, pelo menos ocidental: conferir centralidade ao logos, à capacidade intelectiva e racional do ser humano. Como veremos mais adiante, e já antecipando, a mensagem da natureza não é captável apenas pelo logos, mas por outros órgãos que compõem a capacidade perceptiva do ser humano, como a intuição, a simpatia, a empatia (pathos), os sentidos espirituais, especialmente o sentido do cuidado para com tudo o que vive e tem valor. De todas as formas, importa constatar que a nossa cultura ocidental privilegiou o logos e fez dele a instância básica de discernimento que orienta a decisão da vontade.

Natureza e logos, nessa compreensão, andam sempre juntos e constituem as referências comuns para os comportamentos morais da sociedade. Concernem a todas as pessoas indistintamente, porque todas são portadoras de natureza e de logos. Ambos visam à felicidade, quer dizer, à autorrealização humana num ambiente social e ecológico integrado e equilibrado.

34 Leonardo Boff

Natureza e logos fundam um casamento feliz, cada um diferente do outro, mas de mãos dadas a serviço da morada humana pessoal e social (ethos).

Ora, ocorre que natureza e logos estão inseridos na história, o que não foi percebido, adequadamente, pelos gregos. A história não pode ser freada e engessada. Está sempre em processo, em mudança, em construção do ainda não ensaiado e instituído. Na história posterior às grandes sínteses da filosofia clássica grega, logos e natureza seguiram rumos distintos. Romperam o idílio da integração mútua e de harmonização. Como dois cavalos, começaram a puxar a carruagem em direções diferentes e até contrárias.

A natureza desborda do logos. Este expressa algumas virtualidades da natureza. Mas ela comporta outras e outras. Emerge a historicidade da natureza e da razão. Surgiram assim os conflitos das razões e das interpretações sobre a natureza e a missão da razão.

Coube aos modernos perceber essa dimensão de historicidade. Natureza e logos não são grandezas simples e equipolentes. Todo logos é natural. Mas nem toda natureza é lógica. Ela pode ser ilógica e até demente. As combinações natureza/razão estão sujeitas às variações históricas, às conjunturas e às interpretações no quadro das mais diferentes culturas. Podem ser influenciadas também pela dimensão de demência, de drama e de tragédia. O próprio ser humano se descobre, perplexo, como *sapiens* e *demens*.

As mudanças ocorreram, inicialmente, na compreensão da natureza. Os mestres medievais projetaram uma compreensão metafísica da natureza, entendida de forma estática, com leis e diretivas imutáveis e previsíveis. Posteriormente, essa leitura foi encampada pelo magistério oficial da Igreja Católica. A lei natural é interpretada como a manifestação da lei eterna dentro do mundo natural, pensando como um sistema acabado e fechado. Aqui se tenta equilibrar, como entre os gregos, a natureza com a razão, a serviço do plano eterno de Deus.

Os dois projetos éticos da modernidade

Em seguida, nos tempos modernos, as mudanças ocorreram na compreensão do logos. Este é subjetivado. O sujeito racional, e não tanto a natureza, é visto como portador privilegiado, senão exclusivo, do logos. A natureza é antes caótica (selvagem) e deve ser ordenada (civilizada) pela razão humana. Ela é objeto e lugar da ação livre do ser humano. Em face dela não há que se alimentar respeito e veneração. Antes, pelo contrário, como dizia Francis Bacon, um dos pais fundadores do paradigma moderno, ela deve ser submetida à cama de Procusto. Deve ser torturada, à moda do inquisidor, até que entregue todos os seus segredos.

As características desse sujeito racional são a criatividade, a capacidade de projeção e de ordenação, a liberdade, a autonomia, a maioridade, a responsabilidade por sua intervenção no mundo e na história. Mais que auscultar a ordem da natureza, o ser humano se faz auscultador de si mesmo, de seus desejos e planos. Portanto, transforma-se em criador de uma ordem da qual se sente responsável.

Dois sujeitos coletivos principais ocuparam a cena histórica da modernidade: a burguesia e o proletariado. Cada qual procura realizar o seu projeto: a burguesia, o de dominar o mundo pelo saber científico-técnico, que está na base de seu poder econômico e militar, gestando riqueza mesmo à custa de uma perversa taxa de iniquidade social e de grave degradação ecológica; e o proletariado, o de revolucionar as relações sociais dissimétricas para es-

36 Leonardo Boff

tabelecer uma sociedade de igualdade, de justiça e de fraternidade para todos, a começar pelos marginalizados e excluídos.

Hegel projetou sua filosofia a partir do sujeito burguês, considerado plasmador e condutor da história. Marx, a partir do sujeito proletário, submetido ao senhor, com a missão de revolucionar e ultrapassar a relação senhor-escravo, na direção de uma sociedade de cidadãos livres, solidários e participativos: o socialismo entendido como a realização plena da democracia.

Cada um desses projetos funda seu ethos, o conjunto de valores, princípios de ação e utopias de futuro. Cada um deles traduz o ethos em morais práticas. A atitude básica (ethos) se traduz por atos concretos (morais).

Moral é tudo aquilo que beneficia cada um dos projetos referidos; imoral, o que se lhe opõe. Moral, para a burguesia, é tudo o que lhe ajuda a acumular e a garantir a posse e o controle dos meios de produção e dos instrumentos de construção de subjetividades coletivas adequadas ao seu ethos. Para o proletariado, moral é o que visa a alargar seu poder de pressão sobre a burguesia, aumentar sua força de classe, internalizar nas pessoas ideais revolucionários e ocupar o estado para transformar a partir dele as relações sociais.

Repetimos, a questão básica não reside na avaliação moral dos atos que se ordenam à realização de ambos os projetos, mas na avaliação de seus princípios, de suas atitudes fundamentais, vale dizer, do ethos subjacente. Cabe a pergunta: como o ethos burguês e o ethos proletário organizam a casa humana? Quem dela cuida melhor para benefício comum? Quem mais a ameaça em sua sustentabilidade ambiental e social?

Os frutos falam por si. O ethos da tradição socialista, cujo portador era o proletariado, apresentava-se mais generoso e mais solidário com os oprimidos. O ethos da tradição capitalista, cujo sujeito histórico é ainda a burguesia, por sua própria natureza, é centrado no individualismo e na concorrência, que limitam enormemente a solidariedade. Nos dias atuais, esse ethos capitalista representa a grande ameaça à natureza, às relações amistosas entre os povos e ao futuro comum da humanidade.

Ambos, porém, são expressões da mesma subjetividade moderna. Ambos possuem a mesma atitude fundamental de objetivação e de exploração da natureza, que não é incluída no pacto social, pois se nega a ela subjetividade e alteridade. Essa subjetividade moderna, tanto numa versão quanto na outra, não nos fornece critérios seguros para responder a questões coletivas derivadas da globalização, da nova geossociedade, das ameaças que pesam sobre a Terra e a humanidade. A carga de interesses particulares de um e de outro projeto ofusca a visão da globalidade. O afã de agilizar todos os meios produtivos na perspectiva da acumulação, seja apropriada privadamente (capitalismo), seja coletivamente (socialismo), sem, contudo, considerar os recursos limitados da Terra e seu frágil equilíbrio ecológico, transformou os meios produtivos em meios altamente destrutivos da natureza e da biosfera.

Essa situação, hoje alarmante, questiona o projeto da subjetividade moderna e do logos, pensado a partir dos interesses de coletividades que mutuamente se excluem. Verifica-se, na cultura atual, grande suspeita das possibilidades integradoras do logos. Ele mostrou-se, por meio das guerras modernas de extermínio em massa, extremamente ameaçador para o futuro da biosfera e da humanidade. Entregues cegamente a ele, poderemos ser lançados ao abismo.

Natureza e espírito na ética contemporânea

Em reação ao logos subjetivado, verifica-se atualmente um retorno poderoso à natureza e ao logos universal, pensados no horizonte dos novos conhecimentos acumulados pelas ciências da Terra, pela ecologia e pelas várias vias espirituais.

38   Leonardo Boff

Assim, na nova cosmologia, a natureza é muito mais do que a natura dos medievais e a natureza dos modernos. Estamos mais próximos ao conceito de physis dos gregos. Para nós, hoje, a natureza é o conjunto articulado de todas as energias cósmicas em processo de materialização ou desmaterialização; são as infindas probabilidades, irrompendo do vácuo quântico, abertas à concretização; é a complexidade da matéria sempre em interação; é a vida em sua unidade e diversidade de manifestações como processo de auto-organização (poiesis) da matéria; é o próprio logos universal e cósmico se expressando na história e produzindo cultura, significações e processos de espiritualização. A natureza, na compreensão contemporânea, possui subjetividade e espiritualidade. O acesso a ela não se faz apenas pelo logos e pela razão instrumental-analítica. Seria muito insuficiente. Faz-se principalmente pelo pathos (estrutura da sensibilidade), pelo cuidado, pelo eros (estrutura do desejo), pela intuição, pelo simbólico e sacramental.

O ser humano possui nela um lugar singular. Ele desempenha uma dupla função. Por um lado, está dentro, é parte da natureza, inserido no imenso processo de evolução natural e cibiôntica. Por outro, está de frente, é um *vis-à-vis* à natureza. Por sua consciência e por seu saber técnico, intervém nela, fazendo-se seu plasmador. Nem por isso deixa de ser parte da biosfera e geologicamente um objeto bem concreto. O ser humano é sempre parte da natureza e interventor da natureza. A relação ser humano-natureza é dialética, quer dizer, ambos se encontram indissoluvelmente intrincados um no outro, de tal forma que o destino de um se transforma no destino do outro.

Nessa perspectiva contemporânea, própria da era "ecozoica", que alcança uma compreensão mais aberta e abrangente de natureza (que inclui o Espírito refletido no logos), que encontramos na natureza? Mais do que leis fixas e indicações rígidas, encon-

Ethos Mundial 39

tramos: (1) uma totalidade de sentido, vale dizer, encontramos diversidades que se articulam numa unidade dinâmica; (2) encontramos um sentido de direção (seta do tempo), em vista do crescimento da complexidade e, por meio dela, de formas mais altas e ordenadas de vida (estruturas dissipativas da entropia com crescimento de informações e níveis de memória), convergências e finalidades que constituem valores e excelências a serem realizadas na vida pessoal, comunitária e social; (3) encontramos na natureza a convivência, a adaptação, a tolerância e a solidariedade entre todos, fatos que inspiram atitudes fundamentais para a existência humana pessoal e social; e, por fim, (4) encontramos na natureza possibilidades de regeneração, utilização ótima de todos os recursos, ausência de dejetos, demonstração da sinergia (a colaboração de todos faz com que 2 + 2 sejam 5) e a manifestação do todo na parte e a inserção da parte no todo, visão que foi perdida no nosso mundo da atomização, da racionalização e da "tecnificação" dos projetos humanos.

Como veremos mais adiante, essa natureza, assim compreendida, funda uma das correntes da ética de valor universal, inspiradora de um ethos mundial.

Quais são as correntes que pretendem universalizar um discurso ético e moral globalmente válido? Entremos, pois, mais especificamente nesse tema, pois ele constitui o eixo de nossa indagação.

FORMAS DE UNIVERSALIZAÇÃO
DO DISCURSO ÉTICO

INTRODUÇÃO

Retomemos a questão central suscitada anteriormente: como criar um consenso mínimo sobre valores éticos, válidos para todos os humanos, agora reunidos num único lugar, no planeta Terra, que nos possam ajudar a debelar três questões globais: a social, a do desemprego estrutural e a ecológica? Há atualmente, no campo da ética e da moral, seis formas principais de argumentação, entre outras, cada qual oferecendo uma eventual base para uma ética planetária:

- o utilitarismo social;
- as éticas do discurso comunicativo e da justiça;
- a ética baseada na natureza;
- a ética enraizada nas tradições religiosas da humanidade;
- a ética fundada no pobre e no excluído;
- a ética fundada na dignidade da Terra.

Vejamos, rapidamente, cada uma delas e que possibilidades oferecem para a fundamentação de um ethos mundial.

O utilitarismo social: alcance e limite

Toda ética e toda moral têm que ver com práticas que querem ser eficazes. Em que medida geram a maior felicidade e realização para o maior número possível de pessoas? Essa visão pragmática é fundamentalmente correta e deu origem a uma forte escola de

44 Leonardo Boff

ética chamada utilitarismo. Seus formuladores são principalmente ingleses, Th. Hobbes, D. Hume e especialmente J. Bentham (1789) e S. Mill (1863), que lhe deram a arquitetônica sistêmica. Ela hoje está na base de muitas reformas sociais (neoutilitarismo) de cunho anglo-saxão. Essa corrente possui subcorrentes que convergem, entretanto, em algumas características comuns, relevantes para o nosso tema.

1. Princípios do ethos utilitarista

O princípio da consequência ou teológico: o juízo moral deve ater-se às consequências que derivam das ações postas. Segundo o utilitarismo, não existem ações em si mesmas lícitas ou ilícitas, intrinsecamente boas ou más, como o quer a posição deontológica clássica (baseada no dever, como "não mentir, não assassinar o inocente, não violentar"). Tudo depende das consequências a serem sempre calculadas. Sendo as consequências boas ou más, o ato moral também é bom ou mau. Com que critérios devem ser julgadas as ações? Aqui entra o segundo princípio.

Princípio de utilidade: as consequências devem ser úteis à realização do bem. Não se trata de qualquer bem, mas de um bem verdadeiramente bom para os humanos. Supõe-se uma teoria do que seja o bem, o que demanda um tipo de argumentação, pelo menos implícita, de ordem ontológica e "natural". Por isso, alguns representantes dessa tendência estabelecem assim o chamado utilitarismo da regra. Uma ação é boa ou má à medida que é consequência ruim ou boa de uma regra estabelecida. Essa regra deve ser construída por todos, no sentido do cálculo de utilidade o mais geral possível e de produção de felicidade para o maior número possível (*the greatest happiness of the greatest number*). Tal postulado nos abre a outro princípio, que completa o argumento utilitarista.

Princípio do hedonismo: o bem ganha uma realização ótima quando satisfaz necessidades e atende a preferências humanas, portanto, na proporção em que produz prazer, alegria e felicidade (o assim chamado proporcionalismo). Na determinação do que seja felicidade, alegria e prazer, devemos ser tolerantes, dizem os utilitaristas: cada um estabelece seu projeto de vida e em função dele deve calcular quanto de prazer, de felicidade e de alegria pode auferir dentro desse projeto.

Trata-se de lograr proporções, combinando o quantitativo com o qualitativo. Mas não de maneira indiferenciada. O qualitativo tem preferência sobre o quantitativo (famosa é a frase de S. Mill: "é melhor um homem insatisfeito que um porco satisfeito"). Mesmo entre as preferências há diferenciações. Tanto pode sentir-se feliz quem assiste a um filme pornográfico quanto quem assiste a *A sinfonia dos dois mundos*, de Dom Hélder Câmara. Entretanto, a qualidade desse segundo é superior à do primeiro, pois realiza mais plenamente o ser humano, que não é apenas um ser de instintos (um animal faminto de sensações), mas principalmente um ser de estética e de ética (um ser de transcendência). Mas, na busca da correta proporção, não se corre o risco do individualismo? O próximo princípio — o princípio social — visa a impor limites a esse risco.

Princípio social: o cálculo deve incluir a perspectiva social, objetivando a felicidade do maior número possível de pessoas e de seres vivos, como animais e plantas. O maior número possível significa a maior média possível de pessoas e de seres beneficiados, associada à maior média possível de utilidade. Isso se aplica, por exemplo, à economia, no caso do produto interno bruto de um país. Quanto maior a quantidade de bens e serviços produzidos, tanto maior o número dos beneficiados potenciais.

Entretanto, cabe reconhecer que, nesse cálculo, não está decidida a forma de distribuição, se equitativa ou discriminatória, quer

46 Leonardo Boff

dizer, não se expõe a questão da justiça distributiva. No sistema de capitalismo dependente, por exemplo, há grandes diferenças sociais que constituem situações de injustiça, pois pequenas elites detêm os principais meios de vida e de poder, com a exclusão dos demais. Como se depreende, o bem vem entendido no sentido do hedonismo (quantidade e intensidade de prazer). O útil é compreendido no sentido do cálculo social, e não apenas da vantagem individual.

2. Aplicação dos princípios à globalização

Aplicando esses princípios a uma perspectiva planetária, não podemos, numa primeira análise superficial, negar-lhe pertinência prática. O que é útil e bom para a totalidade dos seres humanos e para o sistema-Terra? O útil e bom pode ser formulado nestes imperativos, verdadeiramente universais: "não coloques ações que tenham como consequência a destruição do sistema-Terra mediante armas nucleares, químicas e biológicas; não ajas de tal forma que o resultado seja a devastação das condições de vida na Terra; não instaures práticas (científicas, biotecnológicas) que tenham como consequência a eliminação das espécies vivas, principalmente da espécie homo" (princípio da consequência).

Esses imperativos são condições de possibilidade de todos os demais e do próprio discurso da utilidade ou inutilidade, felicidade ou infelicidade.

Nesse sentido, caberia ressuscitar o tema do bem comum, já não apenas considerado em termos sociais, mas ecológico-sociais. Não só o bem da sociedade, mas também o bem da Terra como sistema deve ser preservado, os vários ecossistemas, a biosfera, a hidrosfera, os animais, as plantas, os micro-organismos, os elementos físico-químicos, responsáveis pelo equilíbrio dinâmico da vida em todas as suas formas.

Numa perspectiva planetária, ganha centralidade a dimensão coletiva, afetando não apenas as sociedades, mas, devido à interdependência de todas com todas, o próprio sistema social mundial. As morais particulares e pessoais devem se abrir a uma ética global cuja consequência seja a salvaguarda da integridade do criado e da humanidade (princípio social).

O útil e bom, para ser eticamente responsável, deve-se orientar por uma hierarquia de prioridades (princípio da regra). Após havermos garantido o planeta Terra, a biosfera e a espécie homo, deverá ser salvaguardado o pobre, o oprimido, o marginalizado e o excluído. Estes são os seres mais ameaçados da criação, pois morrem, de fato, antes do tempo. Ligado a eles, deverá ser garantida uma sociedade justa, porque se eles morrem antes do tempo é por causa da injustiça social e ecológica. Em seguida, devem ganhar especial atenção as culturas em extinção, como as culturas originárias dos indígenas, as etnias ameaçadas e as minorias oprimidas. Por fim, há de se cuidar atentamente do equilíbrio total do sistema-Terra, que permite a todos os seres continuarem a existir e a viver.

Entretanto, para que esses princípios deixem seu caráter teórico e possam ser aplicados concretamente, precisar-se-ia fazer uma verdadeira revolução social que fosse além da ética do utilitarismo social. Primeiramente, uma revolução nas formas de relação para com a natureza, que são, no modo de produção dominante, altamente predatórias. Em seguida, na forma como se encara a questão dos excluídos: eles são consequência da aplicação maciça de tecnologias de ponta que substituem a força de trabalho, privilegiando os lucros auferidos, sem considerar as consequências sociais, que são o desemprego estrutural e a exclusão social. Por fim, a grave crise social: em razão da forma como se organizou a sociedade mundial nos parâmetros da cultura capitalista e por causa do seu modo de produção altamente competitivo e minimamente cooperativo, a riqueza produzida co-

48 Leonardo Boff

nhece uma concentração em megaconglomerados, como nunca antes na história, e uma produção de miséria e de exclusão que raiam a barbárie. Para quem é útil todo esse processo? Os representantes do utilitarismo social não movem uma palha para modificar a situação antiética em que se encontra a humanidade. Seu pragmatismo termina por sacralizar a ordem vigente discricionária. É uma ética dos satisfeitos que pouco considera os reclamos dos insatisfeitos.

A ética da ação comunicativa e da justiça

Essa tendência ético-moral foi elaborada na escola crítica de Frankfurt, que trouxe inestimáveis contribuições à tradição marxista e aos ideais da democracia. Benjamin, Adorno, Horkheimer e especialmente Habermas submeteram a uma poderosa reavaliação crítica o Iluminismo, chamado também de modernidade, com suas pretensões universalistas e libertárias. Essa modernidade possui duas vertentes básicas: uma técnica e outra ética. A primeira, a técnica, foi realizada amplamente. A segunda, a ética, sofreu progressivamente a diminuição de seu espaço, relegada à marginalidade. Particularmente Jurgen Habermas (nascido em 1928) atacou a alma secreta da modernidade técnica, a utilização maciça da razão instrumental-analítica, posta a serviço dos interesses do projeto da tecnociência e da dominação política sobre classes, nações e povos.

1. O resgate da dimensão ética da modernidade

Mas o projeto da modernidade continua inacabado. Pode e deve ser completado mediante o incremento de sua dimensão

Ethos Mundial 49

ética pela via da mais ampla emancipação e concretização dos direitos do cidadão, da democracia e dos meios do diálogo e da ação comunicativa. É o esforço da proposta filosófica e crítico-social de Habermas.

Tanto ele quanto as várias tendências afins articulam duas tradições importantes da ética: a tradição kantiana do dever e do imperativo categórico e a tradição marxista do sentido da emancipação, da justiça social e da democracia integral aplicada em todos os âmbitos (socialismo). Uma sociedade moderna e democrática se constrói à medida que vive uma prática de comunicação permanente (*kommunikatives Handeln*) e alcança seus consensos mediante o diálogo generalizado e o discurso razonado. Este deve, consoante essa vertente, substituir as instâncias clássicas de fundamentação ética, que são as tradições e as religiões, hoje vastamente esgarçadas por múltiplas crises.

Para essa vertente, normas morais e jurídicas são regras de coordenação das liberdades subjetivas. Elas se fundamentam na moderna teoria do contrato social (Hobbes, Locke, Rousseau), que ganhou com Kant um respaldo filosófico com a ideia do "reino dos fins". Para Kant, cada pessoa humana é um fim em si mesmo e não pode jamais servir de meio para nenhuma outra coisa. A autonomia da pessoa faz com que ela possua uma inarredável dignidade. As leis devem se subordinar a essa dignidade, criar-lhe condições de realização e atender a todas as pessoas. À luz desses postulados, os imperativos apresentam a seguinte aplicação:

– Em conflitos de interesses e na distribuição das responsabilidades, as normas funcionam como regras na solução equitativa dos conflitos ou na coordenação das liberdades, visando à construção coletiva de uma convergência comum.

– A justiça é sempre justiça para todos; por isso, as normas, para serem justas, devem buscar o consenso social. Daqui deriva a centralidade e a universalidade do projeto da justiça. Os destinatá-

50 Leonardo Boff

rios, os cidadãos, devem poder acolher tais normas. Sem o consenso, falta às normas o laço de legitimidade que as torna válidas. O consenso, no entanto, só é alcançado quando as normas atendem aos interesses legítimos das pessoas, de tal forma que elas possam acolhê-las e sentir seus direitos formalizados nelas. As normas são justas somente quando são distributivamente vantajosas.

Essa tendência ética e moral se baseia na confiança na razão e na capacidade de argumentação e de convencimento no âmbito de um mesmo espaço linguístico. Questões de gostos e de valorações subjetivas, portanto, questões que dizem respeito a "projetos de felicidade", são, nessa corrente, consideradas secundárias, embora relevantes. Não se faz necessário nenhum consenso social sobre elas. Por isso são remetidas às coordenadas do arranjo existencial das pessoas (Lebenswelt). Entretanto, tais propostas de "bem viver" não podem ser realizadas à custa do necessário projeto da justiça social e ecológica.

Nesse modelo ético, mostra-se um esforço construtivista notável, quer dizer, a preocupação de somar perspectivas, elaborar consensos, estabelecer diretrizes de coordenação de interesses e regras do jogo ético-social. As questões de uma ética da lei natural que trabalha constantes antropológicas são pouco consideradas, por causa dos pressupostos metafísicos nela implicados e sobre os quais há mais dissenso que consenso.

Junto com essa ética do discurso, surgiu, a partir dos anos 1970, uma série de expressões ético-filosóficas que se inscrevem dentro desse horizonte comunicativo, dialógico e do ideal da justiça, com K. O. Appel, na Alemanha; J. Rawls e J. M. Buchanan, nos EUA; com A. Cortina, na Espanha; com N. Bobbio, na Itália; com O. Pegoraro e M. Araújo de Oliveira, no Brasil. Dispensamonos de sua discussão, pois nos levaria longe e seus frutos, mais maduros se inscrevem dentro da ética do agir comunicativo e do discurso de persuasão da escola crítica de Frankfurt.

2. Aplicação dos princípios à globalização

Apliquemos as perspectivas dessa visão a uma possível ética planetária que tome em conta os três problemas globais enunciados no início de nossas reflexões.

Em primeiro lugar, faz-se urgente um pacto social universal de não usar a máquina de morte já construída para destruir o sistema-Terra (a questão ecológica). Trata-se de um pacto de salvação da Terra ameaçada. Entretanto, cabe assinalar um limite no projeto emancipatório de Habermas e de seus afins, que atinge diretamente a questão ecológica. Referimo-nos ao seu reducionismo antropocêntrico. Na verdade, no seu projeto, a natureza não entra no novo pacto social e mundial, porquanto ela e os demais seres são considerados ainda meros objetos da atividade e da discursividade humana. Não são tidos como valores intrínsecos e como portadores de direitos, por isso caracterizados por subjetividade. A compreensão "ecologizada", ao contrário, visa a construir uma democracia sociocósmica na qual a natureza, os animais, as plantas e outros organismos vivos são vistos como novos cidadãos que compõem a sociabilidade humana ampliada. Somente compreendendo assim a natureza, associada ao ser humano e à sociedade, poder-se-á pensar numa salvaguarda da Terra e da biosfera.

Em segundo lugar, faz-se necessário um processo de dialogação global entre todos os povos, entre os blocos norte-sul, entre os continentes, nações e etnias, religiões e filosofias, no sentido de garantir o direito à vida a cada cidadão terrestre. Em princípio, tal postulado está presente no projeto da ação comunicativa de Habermas. Mas ela é demasiadamente abstrata. Não toma na devida conta as sociedades silenciadas do mundo que constituem as grandes maiorias. Para que possam aceder ao reino do diálogo aberto, profundas revoluções sociais precisam ser feitas. Estas, por certo, derrubariam a atual ordem vigente e o tipo de demo-

52   Leonardo Boff

cracia reduzida ainda em vigor, representativa e delegatória. No horizonte do projeto de Habermas, mal cabem os milhões e milhões de excluídos que, para serem inseridos na sociedade minimamente democrática, exigiriam transformações fundamentais nas atuais formas de "convivialidade".

Em terceiro lugar, dentro do processo geral de hominização, socialização e globalização, deve-se garantir a cada povo o direito de poder continuar a existir como povo, com sua cultura e idiossincrasias. Estes devem poder participar da ação comunicativa cotidiana, pois é por ela que a democracia se constrói como valor universal e se mantém viva. O modelo de Habermas está assentado sobre a experiência centro-europeia de construção da ação comunicativa, não partindo de uma base mais baixa e ampla, lá onde se situam as grandes maiorias da humanidade que precisam ter garantido seu direito de ser e de se expressar, o qual ainda não é suficientemente garantido.

Em quarto lugar, importa chegar a consensos mínimos com referência à satisfação das necessidades básicas de comer, de vestir, de morar, de lazer, de ter saúde, de trabalhar e de se comunicar com outros seres humanos. O ser humano não é apenas um ser de materialidade, mas também de espiritualidade. Por isso, nessas necessidades básicas, deve-se incluir a satisfação mínima da sede de beleza e de transcendência que caracteriza a profundidade humana. Como criar condições mínimas para que os seres humanos possam subsistir (garantir o ter) e dar sentido à vida (garantir o ser), especialmente os excluídos do processo produtivo? Aqui precisa-se mais que da simples razão em que Habermas confia tanto. Faz-se mister a inteligência emocional, o pathos para a solidariedade e a com-paixão e o sentido espiritual da existência. Esses elementos careceriam de uma melhor explicitação no projeto da escola de Frankfurt (com a exceção de W. Benjamin) e deveriam ser mais bem tematizados, como tentaremos fazer adiante.

Mas importa reconhecer que as demandas ético-morais do projeto de J. Habermas estão centralizadas no tema da vida em sociedade, da liberdade, da dialogação global de todos com todos, da solidariedade, do respeito às diferenças e do incentivo à comunicação intersubjetiva dos cidadãos. Por meio do exercício comunicativo se descobrem as diferenças e se valorizam as complementaridades.

Apesar das limitações antropocêntricas e, no fundo, eurocêntricas, foi mérito de Jurgen Habermas ter apresentado claramente tais questões, resgatando o melhor da tradição iluminista, em sua vertente emancipatória e ética. Entretanto, como outros filósofos da modernidade, também ele parte do pressuposto de que a sobrevida do planeta Terra e da humanidade está garantida. Hoje sabemos que ela não está garantida, pois a máquina de morte montada pela razão instrumental-analítica e pela degradação ambiental mudaram as condições de existência da humanidade. Uma sociedade racionalizada comunicativamente não tem condições, pela pura razão, por mais dialógica que seja, de assegurar um horizonte de esperança e de confiança para a humanidade. Junto com ela, precisamos conquistar outros exercícios da razão que se abrem para uma ótica mais ampla, base para uma ética mais bem fundada.

A ética fundada na natureza: qual natureza?

O clássico formulador da argumentação ética pela lei natural é Tomás de Aquino, na esteira de Aristóteles. A moral católica, especialmente retratada nos documentos do magistério pontifício, segue fundamentalmente essa tendência.

Esse tipo de argumentação não se arranca do estabelecimento de regras de coordenação a partir das liberdades subjetivas das

54 Leonardo Boff

pessoas que celebram um contrato social entre elas. Ela parte de constantes antropológicas e das inclinações humanas, que se mostram independentes da vontade e dos consensos dos indivíduos. Tais constantes (incluindo a própria vontade e a liberdade) oferecem a base para a obrigatoriedade e a universalidade das normas. Portanto, o utilitarismo social e o construtivismo, baseados no consenso das partes, encontram na lei natural seu limite.

A ética fundada na lei natural procura estabelecer uma base de referência comum para argumentações da qual todos possam participar, pelo fato de todos serem portadores da mesma natureza humana. Essa base comum confere objetividade aos argumentos, levanta a questão da verdade das coisas e não apenas a questão do consenso sobre as coisas; permite também discutir conteúdos concretos de moral, assentados na lei natural, subjacentes às mais diferentes expressões culturais. Possibilita ainda um discurso transcultural, referido sempre a algo de comum e universal dentro das diferenças histórico-sociais particulares: a natureza humana.

Quando falamos de dignidade humana, de diálogo, de ação comunicativa e de consenso, pressupomos uma compreensão do ser humano. E aí surge a questão iniludível: que é a natureza humana? Qual a lógica que preside essa natureza?

1. A dupla dimensão do ser humano

Do ponto de vista filosófico e estritamente racional, parece-nos que uma reflexão sobre a natureza humana é irrenunciável. Para um ethos universal e planetário, essa questão é axial. Por mais que seja uma subjetividade livre e autônoma (seu *vis-à-vis*), o ser humano se encontra enraizado, como um ser-no-mundo, junto com outros e dentro da natureza (parte dela). Fenomenologicamente emerge, por um lado, como um ser de desejo ilimitado, daí seu

Ethos Mundial 55

caráter de projeto infinito, com capacidade de cuidado, de responsabilidade por sua vida, pela vida dos outros e pelo futuro da Terra.

Por outro, nasce e vive dentro de limitações e circunstâncias que não escolheu, como o tipo de pais (severos ou ternos), o sexo, a cor da pele, o lugar do nascimento, a cultura de origem, a mente desperta ou lenta, a carga genética que o faz saudável ou deficiente físico ou mental. O ser humano interage com esses dados. Não se submete fatalisticamente a eles, mas os plasma e lhes dá uma configuração pessoal e social. Os existenciais condicionam e sobredeterminam a liberdade humana sem tolher sua espontaneidade e criatividade. O justo, o correto, o útil e o bom surgem do diálogo interativo entre os condicionamentos e a liberdade, entre o ser humano parte da natureza e o ser humano *vis-à-vis* à natureza.

Seria irresponsável não manter essa dialética e perigoso seguir a moral das consequências e das proporcionalidades em questões concernentes à saúde, à qualidade dos alimentos, dos remédios e à ecologia ambiental. Não podemos aplicar procedimentos científico-técnicos à natureza e introduzir alimentos e remédios cujas consequências não tenham sido previamente estudadas (a questão dos transgênicos). Igualmente seria sumamente irresponsável jogar combinações químicas no ar e no solo, nas águas e nos centros urbanos para observar as suas consequências boas ou ruins sobre a biosfera e as pessoas.

Nesses campos fundamentais não podemos depender de qualquer tipo de consenso, fruto de negociações e acertos (especialmente entre peritos em seus laboratórios, onde se manipulam genes, e empresários que os financiam para deles auferir altos lucros). Antes, os consensos devem partir da aceitação dos fatores objetivos da natureza da ecosfera e da natureza humana em interação com ela. Mesmo em campos onde o natural não é imediatamente dado, como na educação, os fatores objetivos ligados aos processos naturais devem ser tomados em consideração.

56 Leonardo Boff

Assim, por exemplo, não podemos organizar a educação num puro projeto arbitrário, mas se devem considerar as contribuições que vêm da medicina, das ciências do desenvolvimento, da psicologia profunda, da sociologia e da pedagogia e, diretamente, os processos de crescimento e maturação a que cada ser humano está objetivamente sujeito.

A argumentação ética que apela para a natureza ou para os requerimentos da natureza humana visa a trazer à cena tais dados. Pretende fundar a convicção de que a autonomia dos sujeitos deve tomar em conta aquilo que se adapte, convém e se coordena com os condicionamentos objetivos da natureza humana. Isso seria ético. Essa argumentação sublinha o fato de que a felicidade da vida humana não é arbitrariamente construída à revelia das condições que a própria vida humana apresenta. Essa vida humana, enquanto humana (portanto, não é uma pedra, nem uma planta, nem uma ameba, mas exatamente vida humana), aponta para opções de sentido e para valores que compõem o *bene vivere* e estruturam o bem-estar da casa humana, vale dizer, do ethos. Neste sentido, tem razão Heráclito ao sentenciar: "O ethos é o *daimon* (quer dizer, o gênio protetor) do ser humano."

2. Distorções na compreensão da natureza

A visão da natureza que acabamos de expor deve ser distinguida da outra, de cunho fixista e metafísico, predominante na moral católica de corte neoescolástico e oficialista. Segundo essa versão, considera-se a natureza humana algo inflexível, imutável e um reflexo da ordem inviolável da criação. A razão teria apenas função passiva, como um órgão de simples leitura das normas já dadas de antemão pela natureza.

Essa metafísica se abstrai de algo essencial e natural ao ser humano, seu caráter interativo, sua capacidade de diálogo e de intervenção nos processos da natureza e sua historicidade. Tal rigidez não valoriza suficientemente a relativa autonomia e criatividade do ser humano, tão caras à modernidade, nem acolhe as boas razões que fundam a ética do diálogo necessário e da justiça imprescindível para todos, enfatizadas com razão pela escola de Frankfurt; e, por fim, por sua inflexibilidade, torna estéril a contribuição católica ao debate ético atual sobre tantos temas candentes, como o do corpo, o do prazer, o da população mundial e o da manipulação genética, entre outros.

Afastamo-nos também da concepção pobre da modernidade iluminista, que vê a natureza como pura *res extensa* ("coisa extensa" = matéria), como a define Descartes no seu *Discurso do método*: "Não entendo por natureza nenhuma deusa ou qualquer outro tipo de poder imaginário, antes me sirvo dessa palavra para significar a matéria."

3. O dado e o feito na natureza

Desconsiderando tal reducionismo em face da intuição originária, cabe ressaltar essas duas dimensões dialéticas presentes no recurso à lei natural e à natureza humana para, eventualmente, fundar um ethos mundial.

Por uma parte, pode-se afirmar que, sob certos aspectos, a natureza humana é um dado singular, sempre aberto, pois veio, juntamente com os outros seres, formando-se ao longo do processo evolutivo há milhões de anos e ainda não se encontra pronto. Nesse sentido, natureza é sempre história natural (evolução). A partir dessa natureza dada e ainda em gênese, podemos distinguir, como fazem os etólogos, o ser humano dos animais,

58 Leonardo Boff

das plantas, das amebas. Não obstante a unidade sagrada da vida em suas múltiplas manifestações, o ser humano é uma espécie que possui constantes que geram certo tipo de comportamento singular, propriamente humano, caracterizado pela fala, pela liberdade, pela responsabilidade, pela criatividade, pelo afeto, pelo cuidado e por sua dimensão de abertura ao outro, ao mundo e à totalidade; dramatiza ainda sua realidade a dimensão demens e dia-bólica que sempre acompanha a dimensão sapiens e simbólica, distorcendo os valores acima enunciados.

Por outra parte, a natureza humana é histórica, porque é trabalhada pela liberdade humana que a molda, lhe dá configurações culturais e a mantém aberta a novas concreções futuras. Esse caráter histórico faz que nenhuma compreensão abarque tudo do ser humano, só o fazendo dentro de limites históricos. Por isso, a questão do que seja o ser humano, sua essência e natureza, é uma questão a ser sempre retomada e aprofundada. Não se trata apenas de saber o que é dado, mas também de constatar como o dado é feito, refeito, entendido, reinterpretado e projetado. Ademais, cabe compreender o virtual, o potencial e o utópico também como pertencentes à natureza humana dada, fazendo com que nunca seja simplesmente dada de uma vez por todas. Ela possui as características de um sistema aberto.

Aplicando esta compreensão ao ser humano, ele é um ser que está aí, produto de longa evolução, um dado com configurações concretas. Entretanto, ele não está ainda pronto, pois está ainda nascendo; não é um projeto de médio ou de longo prazo, mas um projeto tendencialmente infinito. Por isso, o ser humano sente que deve ir além dele mesmo e deve se autotranscender. Só assim será radicalmente humano.

Dito em poucas palavras: o ser humano é um ser de relações ilimitadas, juntamente com outros no mesmo mundo e no mesmo cosmos. É um em-si. Mas um em-si original, pois somente se realiza como em-si à medida que é para os outros, sai de si e se relaciona com os demais. Ele é, portanto, um em-si relacionado.

As tendências e as paixões ou o seu capital de desejo e seu universo complexo de impulsos não indicam, concretamente, nenhuma norma de ação concreta. Pedem um projeto, uma direção, um caminho para onde devem ser canalizadas. É aqui que emergem a liberdade e a responsabilidade ética do ser humano. Sua razão e sua capacidade de autodeterminação são forças da natureza para fazer da natureza uma história reflexa, marcada pela emoção, pela vontade e pela autodeterminação.

4. Aplicação do ethos da natureza à globalização

Apliquemos essa visão da natureza humana ao ethos planetário. Temos um dado em comum: somos todos humanos, interconectados, num mesmo sistema-Terra, vindos do imenso processo cosmogênico. Essa realidade exige ser preservada, para que possa se reproduzir tal como veio do passado, há milhões e milhões de anos; mais ainda: pede que sejam mantidas as condições para que possa se desenvolver como vinha se desenvolvendo desde sempre.

Com o advento do ser humano, entrou alguém capaz de co-pilotar a natureza: ele pode desentranhar a potencialidade dela e acelerar seu processo. Pode criar novas potencialidades e moldar um mundo de segunda e terceira mãos. Pode também frear processos da natureza e até se voltar contra ela.

Esse recurso à natureza é capaz de gerar um discurso racional compreensível por todos. Ele tem algo de comum: todos somos humanos. Possui algo de distinto: somos humanos de forma sempre diferente, no modo chinês, indiano, asteca, italiano, sami, brasileiro. A diferença não destrói a comunhão. Apenas mostra a fecundidade dessa essência comunitária, pois ela só se dá à pro-

60   Leonardo Boff

porção que se realiza de diferentes formas. E se realiza cada vez de forma limitada, por isso aberta para os lados (para outras realizações) e para o futuro (outras possíveis realizações).

Nessa quadra nova da consciência mundial, importa articular os dois polos: temos algo de comum que urge preservar e por ele construir as convergências; e temos algo de diverso que cabe respeitar: as maneiras diversas de historizar o que temos de comum, dando origem às várias culturas e às tradições espirituais. As duas forças são diferentes e complementares, complexas e convergentes no sentido de apontar para o mistério da aventura humana dentro da história terrenal e cósmica.

Como esse tipo de argumentação nos ajuda a equacionar os três problemas que nos desafiam globalmente?

Com referência à questão social dos excluídos, a natureza não conhece excluídos nem acumula dejetos. Ela tudo inclui e tudo recicla. Todos são interdependentes e reciprocamente solidários e exercem sua função em benefício do todo, como o temos assinalado ao longo de nosso estudo.

O fato de o sistema mundial excluir, praticamente, dois terços da humanidade denuncia seu caráter antinatural. Ele não poderá ter futuro, pois se opõe diretamente à lógica básica do universo, que é a conectividade e a solidariedade cósmica.

Com referência aos desempregados estruturais, a natureza sempre trabalha e vai moldando de forma não linear, mas complexa, todas as ordens de ser. O universo se expande autocriando-se. A liquidação do trabalho assalariado não liquida com o trabalho. Antes o liberta como a capacidade do ser humano de criar e moldar seu entorno e sua própria história. O desafio atual é o de como organizar politicamente a sociedade mundial e as populações prescindindo do trabalho humano, mas com o trabalho das máquinas inteligentes que labutam para o ser humano, de tal forma que seus ganhos sejam socializados com certa equidade entre todos. A natureza trabalha com semelhante equilíbrio dinâmico. Ninguém tem demais nem de menos. Mas todos participam da economia do suficiente para todos.

Com referência à questão ecológica, nada melhor do que seguir a lógica complexa da natureza para garantir lugar para todos e condições de sobrevivência para todos os ecossistemas com seus respectivos representantes. A crise ecológica mundial se assenta sobre a ruptura da aliança de sinergia e de conaturalidade do ser humano com a natureza. Salvar o planeta significa atender àquilo que ele pede aos gritos: que haja respeito e veneração das alteridades; que o desenvolvimento do ser humano não se faça contra a natureza, mas em sinergia com ela; e que se mantenha de forma dinâmica e coesa a integridade sagrada de todo o criado.

Ética mundial fundada nas tradições religiosas

Na discussão sobre um ethos mundial, não se pode passar ao largo da contribuição de Hans Kung (nascido em 1928, na Suíça), o promotor mais preeminente da reflexão sobre a urgência de um consenso ético mínimo, base para uma sociedade mundial. Seu *motto* é: "um ethos mundial para uma política mundial e para uma economia mundial" (título original: *Weltethos fur Weltpolitik und Weltwirtschaft*, 1997; cf. também Projekt Weltethos, 1990).

1. Paz religiosa, base para a paz política

Hoje vigora ampla convicção de que, sem um consenso básico mínimo sobre determinados valores, normas e atitudes, é impossível a convivência humana em sociedade, sobretudo na emer-

62 Leonardo Boff

gente sociedade mundial. Não se trata apenas de construir um ethos mínimo, mas de um consenso mínimo acerca de um ethos mínimo, universalmente válido. Como construir esse consenso? Como instaurar um ethos mínimo?

Inicialmente, Kung critica os modelos vigentes de universalização ética, apontados acima, demasiadamente abstratos para lograrem o consenso mínimo exigido. Este deve ser universalmente viável e efetivo e deve ser obrigatório para todas as pessoas, nas suas diferentes culturas. Confiantes nas possibilidades da razão, os formuladores desses modelos descartaram com demasiada facilidade as tradições religiosas que fundam, de fato, os comportamentos éticos da grande maioria da humanidade. Essas tradições guardam virtualidades insuspeitadas, não para um consenso total, mas para um consenso mínimo entre os humanos, pois é disso que se trata.

Hans Kung insiste: "Não haverá nenhuma nova ordem mundial sem um ethos mundial." Mas realisticamente assevera: não haverá nenhuma ordem mundial sem uma paz entre os povos; e não haverá paz entre os povos se não houver paz entre as religiões; e não haverá paz entre as religiões se não houver diálogo entre elas. Estabelecido esse diálogo, pode-se criar a paz religiosa, base para a paz política. A paz política só é assegurada por um ethos de referência comum, fundado nas tradições religiosas da humanidade. Esse ethos é "o mínimo necessário de valores humanos comuns, normas e atitudes fundamentais, melhor ainda, é o consenso básico com referência a valores vinculantes, normas obrigatórias e atitudes básicas afirmadas por todas as religiões, apesar de suas diferenças dogmáticas e assumidas por todas as pessoas, mesmo não religiosas". (Weltethos, op. cit., p. 132.)

Subjacente às diversidades religiosas encontra-se o ser humano, que testemunha a presença de um mesmo ethos básico. Esse ser humano está conquistando coletivamente a consciência

2. Consenso mínimo sobre um ethos mundial

Essa situação de fato demanda a necessidade de um ethos mundial. Ele possui duas pernas de sustentação: a verdade concreta e a justiça irrenunciável, dos valores éticos elementares.

A verdade concreta, independentemente das teorias filosóficas sobre a verdade, fundamentalmente diz: "Não queremos mais ouvir mentiras e ser ludibriados sobre nossa situação social e econômica, sobre as causas reais de nossa pobreza e exclusão social, sobre a morte prematura de nossos filhos e filhas, sobre o desaparecimento de nossos entes queridos, sobre o perigo que nos ameaça a todos."

A justiça irrenunciável, para além das formulações eruditas da academia, postula: "Chega de prisões e de torturas a presos políticos; chega de privilégios no sistema financeiro nacional e mundial; chega de exploração do trabalho infantil; chega de abuso sexual de menores; chega de chacinas de meninos e meninas de rua; chega de limpeza étnica de toda uma região!" Com referência a esse tipo de verdade e de justiça, não cabem discussões, mas convergência mundial em valores e ações conjugadas.

Formalizando, o consenso mínimo se densifica no direito à vida, no respeito inviolável aos inocentes, no tratamento justo dispensado ao detido e na integridade física e psíquica de cada ser humano. É a base comum mínima, sem a qual não há convivência possível em nenhuma parte do planeta.

É pela religião que os povos concretamente encontraram o meio para fazer valer e garantir o caráter universal e incondicio-

64   Leonardo Boff

nal desse consenso mínimo. A religião funda a incondicionalidade e a obrigatoriedade das normas éticas muito melhor que a razão abstrata ou o discurso racional, parcamente convincentes e só compreensíveis por alguns setores da sociedade que possuem as mediações teóricas de sua apreensão. A religião, por ser Weltanshauung mais generalizada, concretamente, o caminho comum das grandes maiorias, é mais universal e compreensível. Ela vive do Incondicional e procura testemunhá-lo como a dimensão profunda do ser humano. Só o Incondicional pode obrigar incondicionalmente. Prescindir em qualquer análise da realidade, da dimensão religiosa, é prejudicar a análise, é encurtar a realidade, é minar o fundamento de uma atitude ética universal. Só setores racionalisticamente arrogantes da sociedade mundial desprezam esse tipo de argumentação, seja porque perderam acesso à experiência do sagrado e do religioso, seja porque vivem alienados da vida concreta de seus próprios povos.

Entretanto, não são poucos os politólogos que percebem a decisiva importância da religião para as políticas globais.

P. Huntington escreveu:

No mundo moderno, é a religião uma força central, talvez a força central que motiva e mobiliza as pessoas... O que finalmente conta para elas não é a ideologia política ou o interesse econômico. Convicções religiosas e família, sangue e doutrina são as realidades com as quais as pessoas se identificam e em função das quais lutam e morrem. (Citado em Kung, op. cit., p. 162.)

O cerne dessa ética universal é a humanitas, a obrigatoriedade de tratar humanamente a todos, independentemente de sua situação de classe, de religião ou de idade. As religiões históricas resumiram esse cerne na regra de ouro: "faze ao outro o que queres que

Ethos Mundial 65

te façam a ti", ou negativamente: "não faças ao outro o que não queres que te façam a ti". Elas ainda ensinaram: "não matar." Traduzindo para o código moderno, significa: "venere a vida, desenvolva a cultura da não violência e do respeito diante de toda a vida." Ensinaram ainda: "não roubar." Traduzindo para os dias de hoje, significa: "aja com justiça e com correção, alimente a cultura da solidariedade e uma ordem econômica justa." Ensinaram também: "não mentir." Significa: "fale e aja com veracidade; obrigue-se a uma cultura da tolerância e a uma vida na verdade." Por fim, ensinaram: "não cometer adultério." Traduzindo: "amem-se e respeitem-se uns aos outros, imponham-se como obrigação a cultura da igualdade e da parceria entre o homem e a mulher."

Uma sociedade mundial única (geossociedade) necessita de um único ethos básico, caso contrário, não se garante o futuro comum. Dessa vez, o perigo é total e a salvação deverá ser também total; não haverá uma saída escondida, nem salvação para alguns privilegiados. Ou nos salvamos todos, mediante a incorporação de uma ética mundial, ou todos podemos conhecer o destino das grandes devastações que dizimaram outrora milhões de espécies.

A contribuição de Hans Kung tem sido inestimável e, no conjunto das propostas mundiais, é uma das mais sensatas e factíveis.

Como se depreende, essa ética cria a atmosfera adequada para balancearmos os três problemas globais que apresentamos como os desafios emblemáticos para um consenso mínimo: o social, o ecológico e o do trabalho. Essa proposta cria a sensibilidade para expor no centro das atenções humanas tais questões, e não como se faz hoje em dia na globalização econômico-financeira, na qual a centralidade é ocupada pela economia, pelas taxas de juros, pelos níveis de inflação, pelos índices de crescimento material e pelas oscilações das bolsas de valores.

A ética fundada no pobre e no excluído

A situação do empobrecimento e de exclusão em que vivem grandes porções da humanidade e as dificuldades históricas de suscitar com-paixão e solidariedade têm desafiado a reflexão de muitos pensadores situados na periferia dos grandes centros metropolitanos e dos sistemas imperantes. Objetivamente, essa antirrealidade provoca indignação e até iracúndia sagrada. Diante das multidões famélicas, dos olhos transtornados pelo desespero e dos corpos retorcidos pela fome, a reação humana mínima é: "Isso não pode ser. Isso tem que ser mudado." Desse sentimento visceral nasce a vontade política por um processo de libertação, carregado de densidade ética.

O manifesto comunista de 1848 e a teologia da libertação do Terceiro Mundo constituem monumentos éticos de primeira grandeza, originados pelo protesto contra a miséria e pela solidariedade para com os miseráveis. No interior dessa tradição profética surgiu um dos nomes mais conhecidos pela produção ética consistente e por sua capacidade de diálogo com outras propostas.

1. Princípio supremo: liberta o pobre

Enrique Dussel (nascido em 1934), teólogo, filósofo e historiador argentino, que vive atualmente no México, opera, antes de tudo, uma rigorosa desconstrução dos discursos éticos vigentes. Em sua grande maioria, observa ele, os formuladores dessas éticas não têm consciência do lugar social a partir donde pensam e atuam: dentro dos sistemas dominantes e a partir de quem ocupa o centro do poder. Praticamente não tomam em conta o fato de que existem uma periferia e uma exclusão mundial, fruto desses sistemas fechados sobre si mesmos, incapazes de incluir a todos

Ethos Mundial 67

e, por isso, produtores permanentes de vítimas. Como podem universalizar suas propostas, deixam-se de fora os pobres e os excluídos, que constituem as grandes maiorias da humanidade? Tais pensadores não fazem um juízo ético prévio do sistema histórico-social em que vivem imersos e do tipo de racionalidade que utilizam. Partem como se suas realidades fossem evidentes e inquestionáveis. Sua crítica não é suficientemente radical. Nesse sentido, os marginalizados e mais ainda os excluídos são portadores de um privilégio epistemológico. A partir deles, pode-se fazer um juízo ético-crítico sobre todos os sistemas de poder dominantes. O excluído grita. Seu grito denuncia que o sistema social e ético está falho, é injusto, e deve ser transformado. Normalmente os sistemas constituídos se consideram naturais e os únicos válidos a serem impostos a todos no mundo inteiro. Tal fenômeno ocorre, nos dias atuais, com algumas correntes filosóficas dos países centrais, com o monoteísmo político do neoliberalismo e com o fundamentalismo do mercado. Alguns ideólogos veem a ambos como o fim e a culminância da história.

Como universalizar um discurso ético que englobe realmente a todos sem distinção? Dussel é enfático ao afirmar: somente chegaremos à universalidade se partirmos de uma parcialidade, dos últimos, dos que estão de fora, dos que têm seu ser negado. Partindo dessa porção maior, podemos nos abrir a todos os demais, sentindo a urgência das mudanças necessárias, capazes de garantir uma efetiva inclusão e universalidade. Deixando-os de fora, teremos discursos éticos seletivos, encobridores, não universalizáveis e abstratos (cf. *Etica de la liberación en la edad de la globalización y de la exclusión*, 1998).

A ética, pois, deve partir do outro, não do outro simplesmente, mas do outro mais outro, que é o pobre e o excluído, o negro e o indígena, a mulher oprimida, o discriminado pelos mais variados preconceitos. Esse pobre representa mais que uma catego-

68 Leonardo Boff

ria econômica, constitui uma grandeza antropológica; ele tem um rosto. O rosto do pobre se desvela irredutível e provocador. Ele grita: "Socorro!" Estende a mão e suplica: "Tenho fome, dáme de comer." Escutar a voz do outro é mostrar consciência ética. "A consciência não é tanto um aplicar os princípios ao caso concreto, mas um ouvir, um escutar a voz que interpela a partir da exterioridade, do além do horizonte do sistema: o pobre que clama por justiça a partir de seu direito absoluto, santo, de pessoa enquanto tal. Consciência ética é saber abrir-se ao outro e levá-lo a sério (responsabilidade) em favor do outro ante o sistema." (*Ética comunitária*, p. 51-2.)

O princípio supremo e absoluto da ética reza: "Liberta o pobre." (*Ética comunitária*, p. 88.) O princípio é absoluto porque rege a práxis, sempre, em todo o lugar e para todos. "Liberta o pobre" supõe: (a) a denúncia de uma totalidade social, de um sistema fechado que exclui e produz o pobre; (b) supõe um opressor que produz o pobre e o excluído; (c) supõe o pobre injustamente feito pobre, por isso, empobrecido; (d) supõe levar em conta os mecanismos que reproduzem o empobrecimento; (e) supõe o dever de desmontar tais mecanismos; (f) supõe a urgência de construir um caminho de saída do sistema excludente, e, por fim, (g) supõe a obrigatoriedade de realizar o novo sistema no qual tendencialmente todos possam caber na participação, na justiça e na solidariedade.

2. A universalidade pela via da parcialidade

Essa ética arranca dos pobres, mas não é apenas para os pobres. É para todos, pois, diante do rosto do empobrecido, ninguém pode ficar indiferente, todos se sentem concernidos. Essa ética é, fundamentalmente, uma ética da justiça, no sentido da conquista do reconhecimento negado às grandes maiorias e de sua inclusão na sociedade da qual se sentem excluídas. Em função disso, hierarquiza prioridades; primeiro, salvar a vida dos pobres; depois, garantir os meios de vida para todos (trabalho, moradia, saúde, educação, segurança); em seguida, assegurar a sustentabilidade da casa comum, a Terra, com seus ecossistemas e a imensa biodiversidade, e, a partir dessa plataforma básica, garantir as condições para realizar os demais direitos humanos fundamentais, consignados em tantas declarações universais.

Em razão dessa visão essencial, Dussel elabora uma ética política, para sociedades abertas que se sabem imperfeitas e sempre dispostas a processos de aperfeiçoamento; aprofunda também uma ética erótica que redefine os papéis do feminino/masculino e as relações parentais e representa uma alternativa às éticas masculinizantes e "falocráticas"; projeta uma ética pedagógica da socialização humana, vale dizer, dos processos e métodos de internalização de valores comuns e, por fim, uma ética antifetichista, quer dizer, desmascaradora dos processos de absolutização e de cerramento dos sistemas sobre si mesmos que impedem uma experiência efetivamente de transcendência e de encontro verdadeiro com a Fonte originária de todos os seres e o objeto secreto do desejo insaciável do ser humano, Deus.

Essa ética possui um inegável caráter messiânico, à medida que leva a salvar vidas, a enxugar lágrimas, a despertar a compaixão e a incentivar a colaboração para que todos se sintam filhos e filhas da Terra e irmãos e irmãs uns dos outros. Ela se centra em coisas essenciais ligadas à vida e aos meios da vida. Por isso, tem que ver com a maioria da humanidade empobrecida. É uma ética do óbvio humano, compreensível e realizável por todos. Daí seu irrenunciável valor ao dar centralidade às questões suscitadas no início deste trabalho: a social, a ecológica e a do trabalho humano. E continuará valendo até que se cale o último grito do último oprimido do último rincão da Terra.

Leonardo Boff

Dignitas terrae: uma ética ecocentrada

Mais do que qualquer outra, essa apresenta de forma explícita a questão de um ethos mundial. Representa a cristalização até agora mais bem-sucedida da nova consciência ecológica e planetária, na perspectiva consciente de um novo paradigma civilizatório. Decididamente, parte de uma visão ética integradora e holística, considerando as interdependências entre pobreza, degradação ambiental, injustiça social, conflitos étnicos, paz, democracia, ética e crise espiritual. Seus formuladores dizem-no claramente: "A Carta da Terra está concebida como uma declaração de princípios éticos fundamentais e como um roteiro prático de significado duradouro, amplamente compartido por todos os povos. De forma similar à Declaração dos Direitos Humanos das Nações Unidas, a Carta da Terra será utilizada como um código universal de conduta para guiar os povos e as nações na direção de um futuro sustentável." (*La Carta de la Tierra: valores y principios para un futuro sostenible*, Secretaria Internacional del Proyecto Carta de la Tierra, San José, Costa Rica, 1999, p. 12.)

1. Antecedentes históricos da Carta da Terra

O texto da Carta da Terra madurou durante muitos anos, a partir de uma ampla discussão em âmbito mundial. Um nicho de pensamento se encontra no seio da ONU. Quando foi criada em 1945, propunha-se como tarefa fundamental a segurança mundial sustentada por três polos principais os direitos humanos, a paz e o desenvolvimento socioeconômico. Não se fazia ainda nenhuma menção à questão ecológica. Esta irrompeu estrepitosamente em 1972 com o Clube de Roma, o primeiro grande balanço sobre a situação da Terra, que denunciava a crise do sistema global do planeta e propunha como terapia limites ao crescimento. Nesse mesmo ano, a ONU organizou o primeiro grande encontro mundial sobre o meio ambiente em Estocolmo, na Suécia. Ali surgiu a consciência de que o meio ambiente deve constituir a preocupação central da humanidade e o contexto concreto de todos os problemas. Finalmente, o futuro da Terra e da humanidade depende das condições ambientais e ecológicas. Impunha-se desenvolver valores e propor princípios que garantissem o equilíbrio ecológico.

Em 1982, na sequência dessa preocupação, publicou-se a Carta Mundial para a Natureza. Em 1987, a Comissão Mundial para o Meio Ambiente e o Desenvolvimento (Comissão Brundtland) propunha o moto que continua fazendo fortuna até os dias de hoje: o "desenvolvimento sustentável"; e sugeria uma Carta da Terra que regulasse as relações entre esses dois campos, o meio ambiente e o desenvolvimento.

Em 1992, por ocasião da Cúpula da Terra, realizada no Rio de Janeiro, foi proposta uma Carta da Terra que havia sido discutida em âmbito mundial por organizações não governamentais, por grupos comprometidos e científicos, bem como por governos nacionais. Ela deveria funcionar como o cimento ético a conferir coerência e unidade a todos os projetos dessa importante reunião. Mas não houve consenso entre os governos. Em segundo lugar, adotou-se a Declaração do Rio sobre o Meio Ambiente e Desenvolvimento. Tal rejeição provocou grande frustração nos meios mais conscientes e comprometidos com o futuro ecológico da Terra.

Surgiu o segundo e decisivo nicho de pensamento e criação: duas organizações internacionais não governamentais, a saber, o Conselho da Terra e a Cruz Verde Internacional, com o apoio do governo holandês. Assumiram o desafio de buscar formas para chegar a uma Carta da Terra. Em 1995 copatrocinaram um en-

72 Leonardo Boff

contro em Haia, na Holanda, onde 60 representantes de muitas áreas, junto com outros interessados, criaram a Comissão da Carta da Terra com o propósito de organizar uma consulta mundial durante dois anos, ao fim dos quais se deveria chegar a um esboço da Carta da Terra. Ao mesmo tempo foram recompilados os princípios e os instrumentos existentes de direito internacional num informe com o título "Princípios de Conservação Ambiental e Desenvolvimento Sustentado: Resumo e Reconhecimento".

Em 1997 criou-se a Comissão da Carta da Terra, composta por 23 personalidades mundiais, oriundas de todos os continentes, para acompanhar o processo de consulta e redigir um primeiro esboço da Carta da Terra sob a coordenação de Maurice Strong (do Canadá, coordenador-geral da Cúpula da Terra, Rio 1992) e Mikhail Gorbachev (da Rússia, presidente da Cruz Verde Internacional). Em março de 1997, durante o Fórum Rio+5, a primeira tentativa de balanço do que se implementou das decisões da Cúpula da Terra (Rio 1992), a comissão apresentou um primeiro esboço da Carta da Terra. Os anos de 1998 e 1999 foram de ampla discussão em todos os continentes e em todos os níveis (desde escolas primárias e comunidades de base até centros de pesquisa e ministérios da educação) sobre a Carta da Terra. Cerca de 46 países e mais de cem mil pessoas foram envolvidos. Muitos projetos da Carta da Terra foram propostos até que, em abril de 1999, sob a orientação de Steven Rockfeller, budista e professor de filosofia da religião e de ética, escreveu-se um segundo esboço da Carta da Terra, reunindo as principais ressonâncias e convergências mundiais. De 12 a 14 de março de 2000, na Unesco, em Paris, fizeram-se as últimas contribuições e se ratificou a Carta da Terra. A partir de agora será um texto oficial aberto a discussões e a novas contribuições. Aprovou-se uma campanha mundial de apoio à Carta da Terra com o propósito de conquistar mais

Ethos Mundial   73

e mais pessoas, instituições e governos a essa nova visão ética e ecológica, capaz de fundar um princípio civilizatório benfazejo para o futuro da Terra e da humanidade.

Princípios e valores éticos da Carta da Terra

O mérito principal da Carta é apresentar como eixo articulador a categoria da inter-retrorelação de tudo com tudo. Isso lhe permite sustentar o destino comum da Terra e da humanidade e reafirmar a convicção de que formamos uma grande comunidade terrenal e cósmica. As perspectivas desenvolvidas pelas ciências da Terra, pela nova cosmologia, pela física quântica, pela biologia contemporânea e os pontos mais seguros do paradigma holístico da ecologia subjazem ao texto da Carta.

Ela se divide em quatro partes: um preâmbulo, princípios fundamentais, princípios de apoio e conclusão.

O preâmbulo afirma enfaticamente que a Terra está viva e com a humanidade forma parte de um vasto universo em evolução. Hoje ela está ameaçada em seu equilíbrio dinâmico, devido às formas exploradoras e predatórias a que os seres humanos se acostumaram. Em face dessa situação global, temos o dever sagrado de assegurar a vitalidade, a diversidade e a beleza de nossa Casa Comum. Para isso, precisamos fazer uma nova aliança com a Terra e um novo pacto social de responsabilidade entre todos os humanos, fundado numa dimensão espiritual de reverência ante o mistério da existência, de gratidão pelo presente da vida e de humildade, considerando o lugar que o ser humano ocupa na natureza.

Melhor do que resumir os conteúdos éticos é transcrever os 15 princípios fundantes do novo ethos mundial:

74 Leonardo Boff

1. Respeitar e cuidar da comunidade de vida

- Respeitar a Terra e a vida com toda a sua diversidade;
- cuidar da comunidade de vida com compreensão, compaixão e amor;
- construir sociedades democráticas, justas, sustentáveis, participatórias e pacíficas;
- assegurar a riqueza e a beleza da Terra para as gerações presentes e futuras.

2. Integridade ecológica

- Proteger e restaurar a integridade dos sistemas ecológicos da Terra, com especial preocupação pela diversidade biológica e pelos processos naturais que sustentam a vida;
- prevenir o dano ao ambiente como o melhor método de proteção ambiental e, quando o conhecimento for limitado, tomar o caminho da prudência;
- adotar padrões de produção, consumo e reprodução que protejam as capacidades regenerativas da terra, os direitos humanos e o bem-estar comunitário;
- aprofundar o estudo da sustentabilidade ecológica e promover a troca aberta e ampla aplicação do conhecimento adquirido.

3. Justiça social e econômica

- Erradicar a pobreza, um imperativo ético, social, econômico e ambiental;
- garantir que as atividades econômicas e instituições, em todos os níveis, promovam o desenvolvimento humano de forma equitativa e sustentável;

Ethos Mundial 75

- afirmar a igualdade e a equidade de gênero como pré-requisitos para o desenvolvimento sustentável e assegurar o acesso universal à educação, ao cuidado da saúde e às oportunidades econômicas;
- apoiar, sem discriminação, os direitos de todas as pessoas a um ambiente natural e social capaz de assegurar a dignidade humana, a saúde corporal e o bem-estar espiritual, dando especial atenção aos povos indígenas e às minorias.

4. Democracia, não violência e paz

- Reforçar as instituições democráticas em todos os níveis e garantir-lhes transparência e credibilidade no exercício do governo, participação inclusiva na tomada de decisões e no acesso à justiça;
- integrar na educação formal e na aprendizagem ao longo da vida os conhecimentos, valores e habilidades necessários para um modo de vida sustentável;
- tratar todos os seres vivos com respeito e consideração.

A Carta expressa, como efeito final, a confiança na capacidade regenerativa da Terra e na responsabilidade compartida dos seres humanos de aprender a amar e a cuidar do lar comum. Belamente conclui a Carta: "Que o nosso tempo seja lembrado pelo despertar de uma nova reverência em face da vida, por um compromisso firme de alcançar a sustentabilidade, pela rápida luta pela justiça e pela paz e pela alegre celebração da vida."

Concluindo, tudo o que queríamos encontramos nessa proposta de ética mundial, seguramente a mais articulada, universal e elegante que se produziu até agora. Se a Carta da Terra for uni-

76 Leonardo Boff

versalmente assumida, mudará o estado de consciência da humanidade. A Terra ganhará, finalmente, centralidade junto com todos os seus filhos e filhas, que possuem a mesma origem e o mesmo destino que ela. Nela não haverá mais lugar para o empobrecido, o desocupado e o agressor da própria Grande Mãe.

CONCLUSÃO:
UM ETHOS E MUITAS MORAIS

Todas essas formas de argumentação ética e moral contemplam dimensões verdadeiras, embora limitadas. Como vimos, nem todas encaminham adequadamente os três problemas globais que identificamos no início, mas, tomadas em seu conjunto, elas se completam.

Com efeito, precisamos ser pragmáticos, como querem os utilitaristas sociais. Precisamos de efeitos positivos que tornem leve e feliz a vida: mas não à custa da justiça e da dialogação que os seres humanos sempre precisam estabelecer entre si, no confronto dos argumentos, da composição das diferenças culturais, para que o pacto social inclua o mais possível a todos e a própria natureza, como querem os representantes da ética do discurso comunicativo e da justiça societária da *Dignitas terrae*.

O útil e o justo devem expressar a singularidade da espécie humana, diferente de outras espécies com as quais estamos em comunhão ecológica na mesma casa comum, a Terra. Essa singularidade do ser humano remete a uma natureza específica, com comportamentos que lhe são adequados, comportamentos carregados de significação, de valores, de expressão de sua estrutura de cuidado, de racionalidade, liberdade, autonomia e capacidade de plasmação do mundo circundante, como querem os formuladores da ética calcada na natureza.

Esses valores ganharam corpo nas religiões, que expressam os sonhos e os ideais mais altos da humanidade; expressam, outrossim, a incondicionalidade dos valores básicos, nascidos do encontro e do diálogo com Deus, a fonte de toda a incondicionalidade ética, como querem os formuladores da ética assentada nas grandes tradições religiosas da humanidade.

Por fim, o valor e o critério de verdade e universalidade de uma ética se medem pela forma com que ela trata o pobre e o excluído, que constituem a maioria da humanidade, e o Grande Pobre, avassalado e espoliado, no planeta Terra. Se ela não toma em consideração o grito do oprimido e o grito da Terra e não se organiza para libertá-los, o ethos pode ainda ser considerado ético? A moradia humana (ethos em seu sentido original) exige o resgate da justiça mínima, da veneração sagrada e da com-paixão necessária, sem as quais a moradia humana não é humana, porque não é mais habitável. Sem essa justiça, qualquer projeto de felicidade passa a ser cínico. Eis a grande conclamação feita pelos portadores da Carta da Terra em âmbito mundial.

O conjunto das expressões éticas deve salvaguardar o sistema-Terra e a biosfera a partir de quem mais sofre e é excluído.

Finalmente, entre acertos e erros, imensas perplexidades e discretas realizações, toda preocupação ética deve dar centralidade ao destino comum de todos os que participam da aventura terrenal, que significa uma singela participação no sentido misterioso de todo o universo. Tudo se resume na busca ansiada da paz, que é, na feliz definição da Carta da Terra, "a integralidade que resulta das relações justas consigo mesmo, com as outras pessoas, com as diferentes culturas, com a vida, com a Terra e com o grande Todo do qual todos são parte".

O PATHOS E O CUIDADO COMO NOVA PLATAFORMA DO ETHOS HUMANO E PLANETÁRIO

Nessa parte, queremos apresentar nossa própria visão acerca da possibilidade de um ethos mundial. Incorporaremos, o mais possível, perspectivas que nos parecem úteis das várias vertentes apresentadas.

De saída, constatamos que quase todos os sistemas éticos, pelo menos no Ocidente, pagam pesado tributo ao logocentrismo. Nos fundamentos de nossa cultura encontram-se o logos grego e o cogito cartesiano. A evolução do pensamento filosófico e o próprio processo histórico vieram mostrar mais e mais que a razão não explica tudo nem abarca tudo.

A razão, diz o filósofo lovaniense Jean Ladrière, não é nem o primeiro nem o último momento da existência humana (*Le destin de la raison et les tâches de la philosophie*, 1973, p. 35). Ela se abre para baixo e para cima. Para baixo, emerge de algo mais antigo, profundo e elementar, a afetividade, o cuidado essencial e o pathos. Para cima, ela se abre à experiência espiritual, que é a descoberta do eu dimensionado para a totalidade e a descoberta da totalidade presente no eu; em outras palavras, a interconectividade de tudo

82 Leonardo Boff

com tudo. Além disso, existe ainda o a-racional e o irracional, que mostram a presença do caos junto do cosmos, da desordem acolitando a ordem. O demens sempre acompanha o sapiens, o dia-bólico se emparelha com o sim-bólico. Há vasta convergência na admissão de que a inteligência é emocional, pois é ela que dá conta dessa dialética viva da realidade e do pensamento.

Sinto, logo existo

Qual é a experiência-base da vida humana? É o sentimento, o afeto e o cuidado. Não é o logos, mas o pathos. *Sentio, ergo sum* (sinto, logo existo): eis a proposição-raiz. Pathos é a capacidade de sentir, de ser afetado e de afetar. Essa é o Lebenswelt, o arranjo existencial concreto e protoprimário do ser humano. A existência jamais é pura existência; é uma coexistência, sentida e afetada pela ocupação e pela preocupação, pelo cuidado e pela responsabilidade no mundo com os outros, pela alegria ou pela tristeza, pela esperança ou pela angústia.

A primeira relação é sem distância, de profunda passividade ativa: sentir o mundo, os outros e o eu como uma totalidade una e complexa, dentro do mundo, como parte dele e, todavia, *vis-à-vis* com ele, como distinto para vê-lo, pensá-lo e moldá-lo. Fundamentalmente, é um estar com e não sobre as coisas, é um con-viver dentro de uma totalidade ainda não diferenciada.

Martin Heidegger, em seu *Ser e tempo*, fala do ser-no-mundo como um existencial, quer dizer, como uma experiência-base, constitutiva do ser humano, e não como mero acidente geográfico ou geológico. Por isso, as estruturas axiais da existência circulam em torno da afetividade, do cuidado, do eros, da paixão, da compaixão, do desejo, da ternura, da simpatia e do amor. Esse sentimento básico não é apenas moção da psique. É muito mais. É uma "qualidade existencial", um modo de ser essencial, a estruturação ôntica do ser humano.

O pathos não se opõe ao logos. O sentimento também é uma forma de conhecimento, mas de natureza diversa. Engloba dentro de si a razão, transbordando-a por todos os lados. Quem viu genialmente esta dimensão foi Blaise Pascal, um dos fundadores do cálculo de probabilidades e construtor de máquinas de calcular, ao afirmar que os primeiros axiomas do pensamento vêm intuídos pelo coração e que cabe ao coração apresentar as premissas de todo o conhecimento possível do real. Nos tempos atuais, Daniel Goleman, com seu estudo já clássico *Inteligência emocional*, comprovou empiricamente a tese filosófica do sentimento e da afetividade (pathos) como dimensão básica do ser humano. Primeiro sente o coração, somente após reage o pensamento.

O conhecimento pelo pathos se dá num processo de sim-pathia, quer dizer, de identificação com o real, sofrendo e se alegrando com ele e participando de seu destino.

O homem arcaico, antes da hegemonia da razão, vivia uma *union mystique* com todas as realidades, sentia-se umbilicalmente ligado a elas; participava da natureza das coisas e as coisas participavam de sua natureza. Percebia que as pedras, as plantas e os animais pertenciam a sua própria história, embora se perdesse na penumbra do tempo antigo. Por isso, o sentimento de pertença e de parentesco universal permitia uma integração bem-sucedida da existência humana; havia respeito e veneração para com todos os elementos, especialmente para com os seres vivos e para com a Terra, venerada como Grande Mãe.

Tudo isso se obscureceu posteriormente. O homem moderno e pós-moderno está à procura desse acordo perdido que subsiste, no entanto, na lógica do cotidiano (nisso somos tão arcaicos como os humanos de antanho), nos seus sonhos, nas utopias regressivas e progressivas e em seu fértil imaginário.

84 Leonardo Boff

A essência humana: o cuidado

Mas não basta. Importa transformar o pathos num projeto histórico que englobe a tradição do logos, necessário para salvar a humanidade e a Terra. Logos e pathos precisam dar-se as mãos. Cabeça e coração precisam redescobrir que são dimensões do mesmo corpo e que são faces de uma mesma moeda. Dessa combinação nascerá o cuidado. O cuidado, segundo uma antiga tradição filosófica ligada à fábula 220 de Higino, o escravo de César Augusto, tão bem explorada por Heidegger em *Ser e tempo* (p. 41-3) e levada avante por nossa investigação *Saber cuidar: ética do humano, compaixão pela Terra* (Vozes, Petrópolis, 1999), define a essência concreta do ser humano.

O ser humano é fundamentalmente um ser de cuidado mais que um ser de razão e de vontade. Cuidado é uma relação amorosa para com a realidade, com o objetivo de garantir-lhe a subsistência e criar-lhe espaço para o seu desenvolvimento. Em tudo os humanos põem e devem pôr cuidado: na vida, no corpo, no espírito, na natureza, na saúde, na pessoa amada, em quem sofre e na casa. Sem cuidado, a vida perece.

A ética do cuidado é seguramente a mais imperativa nos dias atuais, dado o nível de descuido e desleixo que paira como uma ameaça sobre a biosfera e o destino humano, objeto de crescentes alarmes dos grandes organismos ecológicos mundiais.

A partir dessa plataforma globalizante do phatos enriquecido pela tradição do logos, culminando no cuidado essencial, que imperativos parecem urgentes para uma ética mundial, capazes de debelar o problema social dos excluídos, a crise estrutural do trabalho e o impasse ecológico?

IMPERATIVOS MÍNIMOS DE UMA ÉTICA MUNDIAL

Ética do cuidado

Afirmamos anteriormente que o cuidado pertence à essência do ser humano. É o seu modo de ser concreto no mundo e com os outros, ontologicamente anterior à ação da razão e da liberdade, como o tem mostrado profundamente Martin Heidegger em seu *Ser e tempo* e que nós detalhamos em nossa investigação *Saber cuidar: ética do humano, compaixão pela Terra*. O cuidado é uma relação amorosa que descobre o mundo como valor. Ele não é primeiramente objeto da posse humana e arena dos interesses utilitaristas. Ele possui seu valor intrínseco e sua relativa autonomia. Possui subjetividade, à medida que é parte e parcela do Todo e merece ser respeitado e continuar a existir. O cuidado expressa a importância da razão cordial, que respeita e venera o mistério que se vela e re-vela em cada ser do universo e da Terra. Por isso, a vida e o jogo das relações só sobrevivem se forem cercados de cuidado, de desvelo e de atenção. A pessoa se sente envolvida afetivamente e ligada estreitamente ao destino do outro e de tudo o que for objeto de cuidado. Por isso, o cuidado provoca preocupação e faz surgir o sentimento de responsabilidade. Bem dizia o

88 Leonardo Boff

poeta Horácio (65-8 a.C.): "o cuidado é o permanente companheiro do ser humano", no amor às coisas e às pessoas e na responsabilidade e no envolvimento daí decorrentes.

Sem cuidado, triunfa a entropia, vale dizer, o desgaste de todas as coisas sob a usura irrefreável do tempo; com cuidado, cresce a sintropia, a conjura suave de todos os fatores que mantêm e prolongam o mais possível a existência.

Não é difícil perceber que o cuidado funda a primeira atitude ética fundamental, capaz de salvaguardar a Terra como um sistema vivo e complexo, proteger a vida, garantir os direitos dos seres humanos e de todas as criaturas, a convivência em solidariedade, compreensão, com-paixão e amor.

Não precisamos detalhar mais os conteúdos de uma ética do cuidado, pois ela perpassa todo o texto da Carta da Terra, como a expusemos anteriormente. Nós mesmos, na obra *Saber cuidar*, aprofundamos seus principais eixos: cuidado com o nosso único planeta, cuidado com o próprio nicho ecológico, cuidado com a sociedade sustentável, cuidado com o outro, *animus-anima*, cuidado com os pobres, oprimidos e excluídos, cuidado com o nosso corpo na saúde e na doença, cuidado com nossa alma e seus anjos e demônios interiores, cuidado com nosso espírito e seus sonhos e o Grande Sonho, Deus, cuidado com a grande travessia da morte.

O futuro do planeta e da espécie *homo sapiens/demens* depende do nível de cuidado que a cultura e todas as pessoas tiverem desenvolvido.

Ética da solidariedade

Cresce a percepção de que vigoram interdependências entre todos os seres, de que há uma origem e um destino comuns, de que carregamos feridas comuns e alimentamos esperanças e utopias comuns. Somos, pois, solidários em tudo, na vida, na sobrevivência e na morte.

1. A lei cósmica da solidariedade

A solidariedade emerge aqui como uma categoria ôntica e, ao mesmo tempo, política. Ôntica porque está inscrita, objetivamente, no tecido de todos os seres. Todos são seres-de-relação e por isso inter-retroconectados e reciprocamente solidários. Essa é a estrutura básica do universo que gerou as mais diferentes diversidades, especialmente a biodiversidade, como forma de garantir, solidariamente, a subsistência do maior número possível de seres, senão de todos os atualmente existentes. A própria lei da seleção natural de Darwin deve ser entendida no interior dessa lei mais universal da solidariedade de todos com todos. Ao nível humano, em vez de seleção, devemos propor o cuidado, para que todos possam continuar a existir e não sejam marginalizados ou eliminados em nome dos imperativos do interesse de grupos ou de um tipo de cultura que põe a ambição acima da dignidade.

2. A solidariedade política

A solidariedade é ainda uma categoria política central. A solidariedade ôntica pode ser assumida conscientemente num projeto político e constituir o eixo das relações sociais.

Aqui novamente precisamos conquistar a tradição de solidariedade que se encontra nos primórdios do processo de hominização. Etnoantropólogos e biólogos contemporâneos nos fizeram saber que a solidariedade, e não o *struggle for life*, organizou socialmente nossos ancestrais hominídeos. Ao recoletarem ali-

90   Leonardo Boff

mentos ou ao retornarem da caça, repartiam entre si o que haviam reunido. Foi a sociabilidade originária que, milhões de anos atrás, permitiu o surgimento da fala, mediante a qual o ser humano se distingue dos demais primatas superiores e com a qual constrói o mundo de significações e de valores. Finalmente, a vida depende de solidariedade, tanto ontem como hoje. Ninguém dá a vida a si mesmo, senão que a recebe de alguém que a acolhe solidariamente e a introduz na comunidade dos humanos. Todos dependemos de um prato de comida e de um copo de água e daqueles que nos aceitam, suportam e decidem conviver conosco. Sem essa solidariedade básica, não haveria sociedade, nem entre os animais e outros organismos societários.

A solidariedade política ou será o eixo articulador da geossociedade mundial ou não haverá mais futuro para ninguém. Pois dessa solidariedade depende a conservação do patrimônio natural comum da humanidade, sem o qual a vida não será mais possível. Antes de tudo, há de se entender, numa visão ecocêntrica que deixou para trás todo o antropocentrismo, que a biosfera é patrimônio comum de toda a vida (*common heritage of all life*), dos micro-organismos aos seres humanos. Tal fato anula os limites nacionais e espaciais, pois a questão é global, e não regional.

O imperativo ético primeiro, elaborado pelo famoso A. Leopold em sua *Ética da Terra* (1949), soa: "Uma ação é justa quando tende a preservar a estabilidade, a integridade e a beleza da comunidade biótica e injusta quando tende ao contrário." Formulações semelhantes encontramos em H. Jonas, em sua ética ecológica para as modernas sociedades tecnológicas (*O princípio da responsabilidade*, 1984) ou em A. Schweitzer, em sua ética da veneração e do respeito diante de cada forma de vida (*A reverência diante da vida*, 1966). Nessa ética em grau zero, o ser humano emerge, em sua missão singular, como tutor (*guardian*, em inglês, e na linguagem bíblica jardineiro) e responsável pela biosfera e por todo o criado.

3. A subjetividade da natureza

Há um pressuposto nessa compreensão que deve ser explicado: a subjetividade da Terra, da natureza e de cada ser vivo. Todos eles têm história, complexidade e interioridade. São sujeitos de direitos que devem ser respeitados. Existe pois uma ampliação da personalidade jurídica às plantas, aos animais, aos rios, aos ecossistemas, às paisagens. Bem disse M. Serres (1990): "A Declaração dos Direitos do Homem teve o mérito de dizer 'todos os homens' e o defeito de pensar 'só os homens'." Assim como outrora houve discussões acerca da atribuição ou não de direitos às mulheres, aos indígenas e aos escravos, hoje verifica-se a mesma discussão acerca da atribuição ou não de direitos aos animais, às plantas e à Terra como Gaia. Como vimos enfatizando, precisamos enriquecer nosso conceito de democracia, no sentido de uma biocracia e cosmocracia, em que todos os elementos entram a compor, em distintos níveis, a sociabilidade humana.

A Carta Mundial da Natureza, elaborada pela ONU em 1982, esposa essa compreensão da subjetividade da natureza e faz dos seres humanos os representantes jurídicos (*guardians*) de todos os demais concidadãos da comunidade biótica e terrenal. A mesma visão preside a Carta da Terra, como já temos considerado.

Junto com o patrimônio comum natural da vida e da humanidade vem o interesse comum da humanidade (*common concern of humankind*). Questões concretas que afetam diretamente toda a humanidade merecem uma preocupação comum e solidária de toda a humanidade, tais como as alterações dos climas, a poluição da atmosfera, a camada de ozônio, o efeito estufa, a escassez de água potável, eventuais epidemias letais, a seguridade alimentar e a questão dos transgênicos, entre outros.

Qual é a ética que preside essa preocupação comum da humanidade senão a ética da solidariedade? Aqui deriva sua centralidade e essencialidade. Ela deve penetrar em todas as instâncias e fazer-se carne e sangue em todas as pessoas. Por isso, o portador natural dessa ética é a sociedade civil, as pessoas concretas e suas organizações. Os Estados devem orientar suas políticas públicas no espírito da solidariedade, bem como as relações interestatais. Bem o dizia a Declaração do Rio sobre Meio Ambiente e Desenvolvimento em seu princípio VII: "Os Estados cooperarão num espírito de parceria global para conservar, proteger e recuperar a saúde e a integridade do ecossistema da Terra." Portanto, é por meio de ações interestatais visando à comunidade universal que se expressará a solidariedade, que atende em primeiro lugar ao interesse comum da humanidade e, por refração, ao bem ecológico de cada Estado.

Essa solidariedade política permitirá a retomada do sonho socialista em outros moldes, fora dos contextos ideológicos conhecidos, como forma de integração de todos, em vista da sobrevivência, da utilização racional e compartilhada dos recursos limitados da Terra e como realização plena dos ideais democráticos, que incluem a cidadania de todos os elementos da natureza.

Ética da responsabilidade

Pressupondo a discussão feita anteriormente, ao analisarmos os vários projetos éticos, queremos aqui apenas sinalizar algumas pistas.

Trata-se da sobrevivência de todos, seres humanos, demais seres vivos e da Terra como sistema integrador de subsistemas. O ser humano faz-se corresponsável, juntamente com as forças diretivas do universo e da natureza, pelo destino da humanidade e de sua casa comum, o planeta Terra.

Sentir-se responsável é sentir-se sujeito de ações que podem dar-se num sentido de benevolência para com a natureza e os outros seres ou num sentido de agressão e submetimento. A responsabilidade mostra o caráter ético da pessoa. Ela escuta o apelo da realidade ecoando em sua consciência. Ele dá uma resposta a esse apelo, resposta sempre qualificada, seja de maneira negativa, seja positiva, seja de qualquer outra forma. Dessa capacidade de resposta (*responsum*) nasce a responsabilidade, o dever de responder e de atender aos apelos da realidade captados pela consciência.

Essa responsabilidade, na esteira de Hans Jonas, pode ser formulada no seguinte imperativo categórico: "Age de tal maneira que as consequências de tuas ações não sejam destrutivas da natureza, da vida e da Terra." Nos dias atuais, conhecem-se três concretizações básicas, resumidamente:

– responsabilidade pelo meio ambiente, que se traduz por um pacto de cuidado, de benevolência e de respeito para com a natureza, condição para todos os demais pactos;

– responsabilidade pela qualidade de vida de todos os seres, a começar pelos humanos e, dentre estes, em primeiro lugar, pelas grandes maiorias excluídas, humilhadas e ofendidas, e, a partir daí, abrindo-se para os demais seres (florestas, rios, animais, micro-organismos, ecossistemas), pois todos pertencem à comunidade biótica e terrenal, são interdependentes e, por isso, têm direito de ser e de viver junto conosco. É o novo pacto sociocósmico, fundado na combinação entre a justiça social e a justiça ecológica no espaço de uma democracia também sociocósmico-planetária, na qual todos os seres, humanos e não humanos, fazem parte como sujeitos de direitos;

– responsabilidade "generacional": pacto com as gerações atuais ("intrageneracional") em função das gerações futuras ("intergeneracional") que têm o direito de herdar uma Terra habitável, instituições político-sociais minimamente humanas e uma atmosfera cultural e espiritual benfazeja para com a vida nas suas múltiplas formas, com uma fina sensibilidade para com to-

94 Leonardo Boff

dos os seres, companheiros de aventura terrenal e cósmica, e para com a Fonte originária de tudo: Deus.

O modo como esse ethos básico vai se concretizar dependerá das diferentes culturas que encontrarão os modos singulares para cada uma delas preencher os requerimentos da responsabilidade. A partir do ethos da responsabilidade surgem as dif⌃entes morais concretas com a marca das diferentes tradições humanas.

Ética do diálogo

A crise social mundial, o desemprego estrutural e a degradação ambiental dão, indiscutivelmente, origem a uma natural solidariedade. Mas essa solidariedade, sozinha, não é suficiente. Ela precisa ganhar corpo político, jurídico e pedagógico numa dimensão transespacial e transtemporal. Isso implica uma decisão política e jurídica dos Estados e dos povos. O que permite, porém, a construção coletiva da solidariedade universal é o recurso sistemático ao diálogo em todas as frentes e em todos os níveis. Impõe-se, portanto, uma ética do diálogo universal. Precisamos oferecer uma fundamentação filosófica mínima para esse tipo de ética.

O ser humano, já o enfatizamos anteriormente, é um ser de relação e de comunicação, portanto, um ser dialógico. É sua dimensão ôntica e transcendental, sempre presente em todos os sujeitos humanos de ontem, de hoje e de sempre. Essa dimensão ganha concreção e feição na história e na cultura. Ela foi aprofundada pelo personalismo europeu e, especialmente em sua funcionalidade política, pela escola crítica de Frankfurt, que inspiram nossas afirmações.

Na relação e no diálogo, o ser humano estabelece princípios que se dão no próprio ato de comunicação: a reciprocidade, vale dizer, o mútuo reconhecimento dos sujeitos autônomos que se acolhem como interlocutores válidos e responsáveis pelas ações comunicativas; todos se comprometem a usar as regras comuns, sem as quais não há comunicação; surge, pois, uma comunidade linguística de interlocutores, com capacidade de argumentos aceitáveis entre todos. Essa pressuposição implica uma ética segundo a qual "somente as normas que encontram (ou poderiam encontrar) aceitação por parte de todos os envolvidos no discurso prático podem levantar a pretensão de validade" (J. Habermas). Uma norma que não respeita o processo comunicativo, porque elaborada sob coação, manipulação dos dados, com o uso da falsidade, seria imoral. A norma assumida deve encaminhar ações concretas, pois somente assim funciona como cânon crítico para outras realizações da vida.

Junto com essa exigência vem a outra: todos devem ter seu lugar na comunidade de comunicação. Nela todos devem caber e devem poder falar e ser escutados. Para que tal ocorra fazem-se necessárias mudanças sociais para que os que estiverem excluídos e silenciados (hoje são dois terços da humanidade) participem do discurso comunicacional. Uma república terrenal com cidadania ativa supõe uma permanente dialogação dentro da humanidade. O ideal é que as comunicações transformem a Terra numa única grande ágora grega onde os cidadãos se acostumam a opinar, discutir e, juntos, a elaborar consensos mínimos em benefício de todos.

Essa linha ética, predominante na reflexão filosófico-social, vem acompanhada por uma teoria da evolução humana, pedagógica e social: o ser humano aprende moralmente, à medida que convive, relaciona-se e intercambia continuamente com os diferentes. Essa ética invalida o pretenso caráter ético das ações dos poderosos do mundo. Na verdade, eles se reúnem não para coordenar um diálogo geral sobre o futuro da Terra e da humanidade, mas para garantir sua hegemonia sobre os outros, consolidar

96 Leonardo Boff

suas posições de poder, negociar interesses particulares entre si, ·à revelia do interesse coletivo da humanidade, e, principalmente, assegurar os níveis de ganhos do processo produtivo mundial. De suas práticas não virão luzes sobre o problema social, trabalhista, e ecológico. Antes eles agravam tais questões.

Ética da com-paixão e da libertação

Já o dissemos à saciedade, mas importa jamais o esquecer: o grande desafio ético e político são os dois terços da humanidade, pobres, oprimidos e excluídos. Que significa o oprimido que é excluído? É aquele que sequer está à margem do sistema social (portanto, dentro dele), mas está fora dele. Este, pela forma como se organiza, como produz e distribui os bens necessários e as responsabilidades, não consegue incluí-los; por isso, deixa-os excluídos como sobrantes e descartáveis, gerando um mar de sofrimentos, de humilhações e de desestruturação das pessoas e das famílias.

São humanos que infligem esse flagelo a outros humanos, seus semelhantes. Não o fazem porque são perversos, mas porque aceitam passivamente as consequências produzidas por um tipo de relação social cuja lógica férrea de ter vantagens individuais e de acumular privadamente bens e serviços apresenta-se cruel e sem piedade. Esse sistemã, que já tem séculos de existência, hoje expandiu-se praticamente em todo o planeta e configura a maior desordem ética e política de que se tem notícia. Ele compromete a sustentabilidade de Gaia, da maioria dos seres vivos e de dois terços dos humanos. Empiricamente, significa uma desproporcional assimetria, socialmente uma injustiça estrutural e teologicamente um pecado histórico.

A reação primeira em face dessa realidade é a com-paixão, aquela atitude de sofrer o padecimento do outro e de participar de suas lutas de libertação. Uma das concretizações do pathos consiste, exatamente, nessa ética da com-paixão, que o budismo instaurou como sua experiência fundadora. Que significa libertar o pobre que é excluído? Significa uma teoria e uma prática histórica que visem à superação da totalidade social dada, para poder incluir o excluído, que hoje são nações, raças, gêneros e maiorias discriminadas, como as mulheres, e os seres vivos ameaçados de extinção, entre outros. Daí a máxima "Liberta o pobre, o oprimido e o excluído" ser hoje a mais universal, porque concretamente se aplica à maioria da humanidade, pobre, oprimida e excluída.

Essa máxima põe em xeque as totalidades éticas dadas, abstratas, quando não cínicas, em face do grito da Terra e o gemido dos filhos e filhas da Terra empobrecidos. Ela é uma máxima de grande compaixão, solidariedade, ao mesmo tempo, carregada de peso crítico, pois questiona todas as sociedades que produzem pobres e excluídos.

Ter afirmado e proclamado aos quatro ventos essa ética constitui o mérito do cristianismo de libertação, com sua correspondente teologia da libertação, que faz da opção pelos pobres, contra a pobreza deles e em favor da sua vida e da libertação, seu apanágio e sua marca registrada.

A libertação, entretanto, só será instaurada quando o próprio empobrecido for sujeito de seu processo; juntamente com aliados de outras classes sociais, poderá mostrar-se uma força histórica, capaz de transformar a história na direção de mais inclusão e participação em todos os bens naturais e culturais.

Novamente esse ethos básico será viabilizado concretamente pelas distintas iniciativas morais, próprias de cada cultura, de cada região e de cada tradição espiritual.

Ética holística

Na diversidade das tradições, hábitos e culturas existentes, urge superar as clássicas contradições (um nega o outro, sem destruí-lo) e obviar os antagonismos (um destrói o outro) e assumir decididamente uma perspectiva globalizadora e holística. Segundo essa visão, as diferenças revelam a complexidade e a riqueza única da humanidade. Quando se abrem umas às outras, as culturas descobrem a oportunidade do mútuo enriquecimento e da reciprocidade fundamental. Ninguém detém o monopólio das expressões possíveis das potencialidades humanas. Todas essas diferenças convergem para aquilo que é do interesse coletivo, como a salvaguarda do patrimônio natural e cultural comum e a manutenção de reprodução e desenvolvimento da vida humana e de todas as outras formas de vida e de ser.

A perspectiva holística não significa o somatório dos pontos de vista (que são sempre a vista de um ponto), mas a capacidade de ver a transversalidade. Quer dizer, a capacidade de detectar os inter-retrorrelacionamentos de tudo com tudo. Economia, gestão e cálculo têm que ver com filosofia, física, arte e religião. Nada existe justaposto ou desvinculado do todo. As partes estão no todo, e o todo, como num holograma, reflete-se em cada parte. Adaptabilidade, versatilidade, consorciação, contínua aprendizagem, regeneração, reciclagem e sinergia são algumas das características da perspectiva holística.

O novo paradigma se funda sobre essa nova percepção sempre diferenciada, complexa e globalizadora. Por essa lógica do complexo e do holístico, podemos dar conta dos graves problemas ligados à globalização, em que tantas diversidades convivem numa mesma e única casa comum, o planeta Terra, e no interior de uma grande e única república global. Já nos albores da idade moderna, o grande jurista de Salamanca, Francisco de Vitória, dizia, ao se referir ao

Ethos Mundial 99

sentido do poder civil: "totus orbis, aliquo modo, est una republica" (de certa forma, todo o orbe é uma única república).

Em termos, o nosso tema de um ethos mundial significa, holisticamente: poder identificar por trás das muitas morais históricas, seja do passado, seja do presente, o mesmo ethos, aquela intenção originária de organizar a casa humana, aquela boa vontade que Kant apresentava como a pré-condição para qualquer discurso ético e como o único valor sem ruga nem mácula, boa vontade que instaurou (bem ou mal) normas, leis e ordenações, visando ao "viver feliz" e ao "bem con-viver".

A arte do pensamento holístico não é desconsiderar as morais em nome de um ethos abstrato e no fundo histórico, mas, ao valorar as diferentes morais, guardar o sentido da unidade e da totalidade complexa e orgânica de um mesmo ethos subjacente. Holisticamente, as diferentes morais são complementares. O fato de uma desempenhar a função de violino; a outra, a de contrabaixo; e a outra, a de bumbo não significa que todas elas deixem de pertencer à mesma orquestra e deixem de tocar a mesma grandiosa sinfonia.

O holismo permite ver e apreciar tanto a árvore que, soberana, se eleva sobre a paisagem quanto a floresta luxuriante da qual ela faz parte. Elas se pertencem mutuamente e pertencem ao mesmo todo.

MÍSTICA E ESPIRITUALIDADE: BASE PARA UMA ÉTICA MUNDIAL?

Imperativos éticos claros são fundamentais, mas insuficientes. Há exigências éticas que contradizem interesses imediatos de pessoas, classes e nações. Por que, então, segui-las? Os apelos éticos para uma contenção mundial, para uma nova solidariedade e para uma corresponsabilidade planetária ficam, não raro, sem eficácia. A razão sozinha e a nova compreensão da natureza (cosmologia) não têm força suficiente para fazer valer incondicionalmente imperativos categóricos, mesmo sob a ameaça da autodestruição humana. A dimensão demens dos seres humanos explica opções pelo absurdo. Por outra parte, tudo cai sob o horizonte histórico e, aí, sob o condicionado, o relativo e o transiente.

Podem tais instâncias exigir algo de absoluto e incondicionado? Um imperativo verdadeiramente categórico? Como o enfatizou, com razão, a tradição teológica transcultural, só um Incondicionado pode exigir algo incondicionado. Só a Suprema Realidade pode fundar algo supremo. Talvez devamos reconhecer que esse Incondicionado e Supremo não possa ser demonstrado pelo tipo de razão, hoje dominante, a instrumental-analítica, mas organizada para do-

104   Leonardo Boff

minar o mundo por meio do projeto da tecnociência, do que dar razões e oferecer significados existenciais. Mas ele pode ser acolhido por uma entrega humana sensata, globalizante e racional, portanto, por outro tipo de razão mais cordial e holística, tão humana, senão mais, que qualquer outra forma de razão. Eis o lugar da razão hermenêutica, simbólica, sacramental e utópica.

É no âmbito do pathos que a dimensão espiritual pode emergir como profundidade do ser humano e do próprio universo e, juntamente com ela, a perspectiva mística. Tanto a espiritualidade quanto a mística têm que ver com experiências profundas e com grandes emoções vinculadas à percepção da totalidade dentro da qual nos sentimos inseridos como parte e parcela e do Fundamento que a origina e sustenta. São tais experiências seminais que movem a vida humana e dão força aos imperativos éticos.

Que é espiritualidade e mística

Formalizando, a espiritualidade é aquela atitude pela qual o ser humano se sente ligado ao todo, percebe o fio condutor que liga e re-liga todas as coisas para formarem um cosmos. Essa experiência permite ao ser humano dar um nome a esse fio condutor, dialogar e entrar em comunhão com ele, pois o detecta em cada detalhe do real. Chama-o por mil nomes, Fonte Originária de todas as coisas, Mistério do Mundo ou simplesmente Deus.

A mística é aquela forma de ser e de sentir que acolhe e interioriza experiencialmente esse Mistério sem nome e permite que ele impregne toda a existência. Não o saber sobre Deus, mas o sentir Deus funda o místico. Como dizia com acerto L. Wittgenstein: "O místico não reside no como o mundo é, mas no fato de que o mundo é." Para ele, crer em Deus é compreender a questão do sentido da vida; crer em Deus é afirmar que a vida tem sentido. É esse tipo de mística que confere um sentido último ao caminhar humano e a suas indagações irrenunciáveis sobre a origem e o destino do universo e de cada ser humano. É por meio delas que o ser humano vê sentido em renunciar a interesses menores, em fazer sacrifícios pessoais, em seguir o chamado ético de sua consciência e atender aos apelos da realidade ferida.

A mística e a espiritualidade se exteriorizam institucionalmente nas religiões do mundo. Normalmente, as religiões estão em guerra entre si. Mas, apesar disso, se olharmos mais profundamente, elas são as grandes gestadoras de esperança, dos grandes sonhos, de integração, de salvação, de um destino transcendente do ser humano e do universo. Todas elas reafirmam o futuro da vida, contra a evidência cruel da morte. As religiões trabalham com valores e anunciam sempre o Supremo Valor.

A espiritualidade e a mística subjazem aos discursos éticos, portadores de valores, de normas e de atitudes fundamentais. Sem elas, a ética se transforma num código frio de preceitos e as várias morais em processos de controle social e de domesticação cultural. Por isso, a ética, como prática concreta, remete uma atmosfera mais profunda àquele conjunto de visões, sonhos, utopias e valores inquestionáveis que se compendiam na mística e na espiritualidade. São como a aura, sem a qual nenhuma estrela brilha. Elas fazem com que a ética tenha mais a ver com a sabedoria do que com a razão, mais com o bem-viver do que o bem-julgar, e mais com virtudes do que com ideias.

Convergências entre as religiões

Não obstante as diferenças doutrinais e os caminhos espirituais diversos, as religiões convergem em alguns pontos, decisivos para

106 Leonardo Boff

um ethos mundial, como o enfatizou tão convincentemente Hans
Kung em suas obras sobre o ethos mundial. Vejamos alguns:

a. cuidado com a vida: todas as religiões defendem a vida,
especialmente aquela mais penalizada e sofrida. Propõem-
se expandir o reino da vida e prometem a perpetuidade,
quando não a ressurreição e a eternidade da vida. Mas não
apenas da vida humana, mas também de todas as formas
de vida, particularmente das mais ameaçadas;

b. comportamento ético elementar: todas as religiões apresentam um imperativo categórico: não matar, não mentir, não
roubar, não violentar, amar pai e mãe e ter carinho para com
as crianças. Esses imperativos, quando traduzidos em nosso
dialeto cultural, favorecem uma cultura de veneração, de
diálogo, de sinergia, de não violência ativa e de paz;

c. a justa medida: as religiões procuram orientar as pessoas
pelo caminho da sensatez, que significa a busca da equi-
distância entre o legalismo e o libertinismo. Elas propõem
nem o desprezo do mundo, nem sua adoração, nem o hedonismo, nem o ascetismo, nem o imanentismo, nem o
transcendentalismo, mas o justo equilíbrio em todos esses
domínios, como o temos sustentado em nosso livro *A águia
e a galinha*: *uma metáfora da condição humana* (1997).
Esse caminho do meio é construído pelas virtudes. Mais do
que atos são atitudes que nascem de dentro, guardam coerência com a totalidade da pessoa e impregnam de exce-
lência todas as suas relações;

d. a centralidade do amor: todas as religiões pregam a incondicionalidade do amor. Com referência ao próximo,
são apodíticas. Confúcio (551-489 a.C.) pregava: "O que
não desejas para ti, não o faças a outro." Ou Jesus:
"Amai-vos uns aos outros como eu vos tenho amado."

(Amou-nos até o fim." Ou na linguagem filosófica e secular de Emmanuel Kant: "Age assim que a máxima de tua vontade seja ao mesmo tempo o princípio de uma lei válida para todos", "Considere o homem em você e nos outros sempre como fim e jamais como meio". Ou na perspectiva ecológica de Hans Jonas: "Age de tal maneira que os efeitos da tua ação sejam compatíveis com a permanência de uma vida autenticamente humana." Ou na linguagem da filosofia e da teologia da libertação de Enrique Dussel: "Liberta o pobre.";

e. figuras éticas exemplares: as religiões não apresentam apenas máximas e atitudes éticas, mas principalmente figuras históricas concretas, paradigmas vivos, como tantos mestres, santos e santas, justos e justas, heróis e heroínas que viveram dimensões radicais de humanidade, estilos de vida, ideais, sonhos humanitários que servem de referências para outros. São as práticas coerentes que convencem, e não as ideias brilhantes. Daí deriva a força mobilizadora de figuras eticamente exemplares como Jesus, os profetas bíblicos, Buda, Confúcio, Chuang-Tzu, Francisco de Assis, Gandhi, Luther King, Dag Hamarskjoeld, Irmã Dulce, Dom Hélder Câmara, Madre Teresa de Calcutá, Mãe Menininha do Gantois e Chico Mendes, entre tantos outros e outras;

f. definição de um sentido derradeiro: a questão que move as religiões é sempre o sentido do todo e do ser humano. Nunca a morte tem a última palavra, mas a vida, sua conservação, sua ressurreição e sua perpetuidade. Todas postulam um fim bom para a criação e uma destinação bem-aventurada para os justos.

Todas essas perspectivas, profundamente humanas, são elaboradas no interior das religiões e das tradições espirituais.

108 Leonardo Boff

Elas são em si mesmas práticas éticas e impregnam a consciência de motivações poderosas para que as pessoas se disponham a seguir apelos éticos, por mais onerosos que se apresentem. E conferem-lhes a satisfação interior de estar em conformidade com os apelos do coração e com as interpelações que nascem da realidade global.

CONCLUSÃO:
VIRTUDES DE UM ETHOS MUNDIAL

Em 1970 celebrou-se uma conferência mundial das religiões em favor da paz, em Kyoto, no Japão. Ali se tentaram traçar as virtudes de um ethos mundial. Entre outras coisas, foi dito:

- há uma unidade fundamental da família humana, na igualdade e dignidade de todos os seus membros;
- cada ser humano é sagrado e intocável, especialmente em sua consciência;
- toda comunidade humana representa um valor;
- o poder não pode ser igualado ao direito. O poder jamais se basta a si mesmo, não é jamais absoluto e deve ser limitado pelo direito e pelo controle da comunidade;
- a fé, o amor, a com-paixão, o altruísmo, a força do espírito e a veracidade interior são, em última instância, muito superiores ao ódio, à inimizade e ao egoísmo;
- deve-se estar, por obrigação, do lado dos pobres e oprimidos e contra seus opressores;
- alimentamos profunda esperança de que, no final, a boa vontade triunfará.

Aqui se nota um consenso ao redor de valores que, observados, poderão salvar a Terra, resgatar os excluídos e dar sentido às lutas dos que buscam vida e liberdade. Mais que prescrições, são apelos, chamamentos ao melhor do que existe

110   Leonardo Boff

em nós. O lado luminoso poderá redimir o lado sombrio que sempre nos acompanha. O cristianismo-ecumênico se soma a essa convergência das religiões mundiais. Na esteira de Hans Kung, podemos postular (*Projekt Weltethos*, p. 93-96):

- não só a razão, mas também o coração;
- não só a cultura material, mas também a espiritual;
- não só liberdade, mas também justiça;
- não só igualdade, mas também pluralidade;
- não só coexistência, mas também paz;
- não só produtividade, mas também solidariedade para com a natureza e as gerações futuras;
- não só tolerância, mas também ecumenismo;
- não só a Terra, mas também o cosmos;
- não só o cosmos, mas também a Fonte originária de todo ser, Deus;
- não só a vida terrenal e a morte, mas também a ressurreição e a vida eterna.

Iniciamos nossas reflexões aceitando o desafio de três questões globais: os empobrecidos do mundo, os desempregados estruturais e o clamor da Terra. Para debelar essas questões, precisamos de um consenso mínimo sustentado pela razão cordial, pelo cuidado essencial, pela reverência diante de cada realidade, da Terra e do cosmos. Essa atitude significa o ethos básico que poderá dar origem a muitas expressões morais, consoante a diversidade das culturas, das tradições e dos tempos. Mas todas elas devem expressar o mesmo ethos e a mesma boa vontade fundamental de servir à vida, defendê-la, expandi-la e permitir que ela continue a fazer sua trajetória no universo rumo à Fonte originária de toda a vida.

Aos que despertamos para a urgência dessas questões, a história nos impôs esta missão: alimentar a chama sagrada que arde em cada ser humano, qual lamparina santa, com o óleo da veneração e do cuidado essencial. Somente assim garantiremos que o Ethos essencial que habita o ser humano continue a ser seu anjo protetor e jamais seja ofuscado ou extinto da face da Terra.

INDICAÇÕES BIBLIOGRÁFICAS

ALTNER, G. *Naturvergessenheit: Grundlagen einer umfassenden Bioethilk*, Primus Verlag: Darmstadt, 1991.

_____. *Leben in der Hand des Menschen: Die Brisanz des biotechnologischen Fortschrits*, Primus Verlag: Darmstadt, 1998.

_____. *Modernity: East-West Philosophical Perspectives*, Hawaii Press, 1991.

_____. *How to Ground a Universalistic Ethics of Responsability for the Effects of Collective Action and Activities*, Philosophica, 52, 1993.

ANZENBACHER, A. *Einfuhrung in die Ethik*, Dusseldorf: Patmos, 1992.

APPEL,·K. O. *Estudos de moral moderna*, Petropólis: Vozes, 1994.

_____. *A Planetary Macroethics for Humankind*. Elliot Deustsch (ed.), Culture and AUER, A. Umweltethik, Dusseldorf: Patmos, 1985.

BERMAN, M. *The Reenchantment of the World*, Nova York: Bantam Books, 1984.

BOFF, L. *Saber cuidar: ética do humano, compaixão pela Terra*, Petrópolis: Vozes, 1999.

_____. *Ética da vida*, Brasília: Letraviva, 1999.

_____. *Ecocídio e biocídio, em 7 pecados do capital* (org. Emir Sader), Rio de Janeiro: Record, 1999, p. 33-57.

BORMANN, H./KELLERT, S.R. *Ecology, Economics, Ethics*, New Haven & Londres: Yale University Press, 1991.

BORRERO NAVIA, J.M. *Los derechos ambientales: una visión desde el sur*, Cali: FIPMA/CELA, 1994.

BUARQUE, C.A. *Segunda abolição*, Rio de Janeiro: Paz e Terra, 1999.

CANÇADO TRINDADE (coord.). *Derechos humanos, desarrollo sustentable y medio ambiente*, San José da Costa Rica, 1995.

114   Leonardo Boff

COSTA FREIRE, J. *A ética e o espelho da cultura*, Rio de Janeiro: Rocco, 1995.

DE MASI. *Desenvolvimento sem trabalho*, São Paulo: Esfera, 1999.

DEPUY, R.J. *La Communauté internationale entre le mythe et l'histoire*, Paris: Julliard, 1986,

DUSSEL, E. *Para uma ética de la liberación latinoamericana*, v. I-II, Buenos Aires: Siglo XXI, 1973.

_____. *Ética comunitária*, Petrópolis: Vozes, 1986.

_____. *Etica de la liberación en la edad de la globalización y de la exclusión*, Madri: Trotta, 1998. Em português pela Petrópolis: Vozes, 2000.

FERRY, L. *A nova ordem ecológica*, São Paulo: Ensaio, 1994.

FiSCHER, J. *Handlungsfelder angewandter Ethik*, Stuttgart: Kolhlhammer, 1998.

FORTMAN, B. GOLDEWIJK, B.K. *Gold and the Goods, Global Economy in a Civilizational Perspective*, Genebra: WCC Publications, 1998.

GALBRAITH, J.K. *A sociedade justa*, Rio de Janeiro: Campus, 1996.

GRISEBACH, M.A. *Eine Ethik fur die Natur*, Frankfurt: Fischer Taschenburg Verlag, 1994.

HABERMAS, J. *Theorie des kommunikativen Handels*, v. I-II, Frankfurt, 1981.

_____. *Moralbewusstsein und kommunikatives*, Frankfurt: Handeln, 1983.

HARDIN, G. *Exploring New Ethics for Survival*, Nova York: Viking Press, 1968.

HILPERT, K. "Das Naturliche, das Kulturliche und das Verbindliche", em *Moraltheologisches Jahrbuch 1*, Grunewald, Mainz, 1989, p. 202-223.

HÖFFE, O. *Demokratie im Zeitalter der Globalisierung*, Munchen: Verlag, C. H. Beck, 1999.

HUBER, M. "Prolegomenon und Probleme eines internationalen Ethos", em *Friedens-Warte*, v. 5, Frankfurt, 1955/56, pp. 305-29.

JONAS, H. *Das Prinzip Verantwortung*, Frankfurt: Suhrkamp, 1984.

KHOURY, Th. A. *Das Ethos der Weltreligionen*. Freiburg: Herder, 1993.

Ethos Mundial 115

KUNG, H. *Projekt Weltethos*, Munique: Piper, 1990.

_____. *Weltethos fur Weltpolitik und Weltwirtschaft*, Munique: Piper, 1997. Em português pela Petrópolis: Vozes, 1999.

LACROIX, M. *Por uma moral planetária*, São Paulo: Paulinas, 1996.

LADRIÈRE, J. "Le Destin de la raison et les tâches de la philosophie", em *Vie sociale et destinée*, Gembloux, 1973.

LAMPE, A. (org.) Festschrift E. Dussel, *Ética e a filosofia da libertação*, Petrópolis: Vozes-Cehila, 1996.

LEIS, H.R. "As 'éticas' do ambientalismo", em *Ética e meio ambiente*, jan./junho 1996, UFSM, Florianópolis, 1966, p. 58-64.

_____. *A modernidade insustentável. As críticas do ambientalismo à sociedade contemporânea*, Petrópolis: Vozes, 1999.

LEISINGER, K.M. *Die sechste Milliarde. Weltbevölkerung und nachaltige Entwicklung*, Munchen: Velag C. H. Beck, 1999.

LEOPOLD, A. *A Sand Country Almanac*, OUP Oxford, 1949.

LIMA VAZ, H.C. "Ética e civilização", em *Escritos de filosofia III: Filosofia e cultura*, São Paulo: Loyola, 1997, pp. 121-38.

_____. "O problema da comunidade ética", em *Escritos de filosofia IIIm Op. cit.*, p. 139-152.

_____. *Escritos de filosofia II: Ética e cultura*, São Paulo: Loyola, 1993.

MANCINI, R. et al. *Etiche della mondialità. La nascita di uma coscienza planetaria*, Assis: Cittadella Editrice, 1996.

MARCILIO, M.L. e RAMOS, L.E. *Ética na virada do milênio*, São Paulo: LTr, 1999.

OLIVEIRA, M.A. de. *Ética e racionalidade moderna*, São Paulo: Loyola, 1993.

_____. *Ética e sociabilidade*, São Paulo: Loyola, 1993.

PEGORARO, O. *Ética é justiça*, Petrópolis: Vozes, 1995.

PUREZA, J.M. *O patrimônio comum da humanidade: rumo a um direito internacional da solidariedade?*, Porto: Edições Afronamento, 1998.

RAMAKHRISHNA, K. "North-South issues, the heritage of manking and global environmental change", em: *VV.AA.* (Rouland, I. e

116   Leonardo Boff

Green, M.) *Global Environmental Change and Internacional Relations*, Londres: Mcmillan/Millenium, 1992.

RASMUSSEN, L.L. *Earth Communicty Earth Ethics*, Nova York: Orbis Books, 1996.

RAWLS, J. *A Theory of Justice*, Cambridge: Mass, 1971.

RICH, A. *Wirtschaftsethik I-II*, Gutersloh: Gerd Mohn, 1984 e 1990.

RUH, H. *Argument Ethik*, Zurich: Theologischer Verlag, 1992.

SCHELSHORN, H. *Ethik der Befreiung. Einfuhrung in die Philosophie Enrique Dussels*, Freiburg: Herder, 1992.

SCHMITZ, Ph. *Ist die Schöpfung noch zu retten?*, Wurzburg: Echter Verlag, 1995.

SCHWEITZER, A. "Die Ethik der Ehrfucht vor dem Leben", em *Kultur und Ethik*, Munchen: C. H. Beck, 1960.

SERRES, M. *O contrato natural*, Rio de Janeiro: Nova Fronteira, 1991.

SOUZA SANTOS, B. *Pela mão de Alice. O social e o político na transição pós-moderna*, Porto: Afronamento, 1994.

_____. *Toward a New Common Sense: Law, Science and Politics in the Paradigmatic Transition*, Nova York: Routlege, 1995.

TREVELYAN, G. *A Vision of the Aquarian Age. The Emerging Spiritual World View*, New Hampshire: Walpole, Stillppoint Publishing, 1984.

TUGENHART, E. *Lições sobre ética*, Petrópolis: Vozes, 1997.

_____. "Universalismo e particularismo. Quando a moral sucumbe no conflito com o particularismo", em *Ciência e Ambiente*, jan./junho. 1996, Florianópolis: Editora UFSM, 1996, p. 17-25.

VACCA, G. *Pensar o mundo novo rumo à democracia do século XXI*, São Paulo: Ática, 1996.

VARELA, F. *Ethisches Können*, Frankfurt: Edition Pandora, Campus Verlag, 1994.

WALZER, M. *Spheres of Justice. A Defense of Pluralism and Equality*, Nova York, 1983.

WARD, B./DUBOS, R. *Only One Earth. The Care and Maintenance of a Small Planet*, Middlesex: Penguin Books, Harmondsworth, 1972.

A CARTA DA TERRA

Preâmbulo

Estamos diante de um momento crítico na história da Terra, numa época em que a humanidade deve escolher o seu futuro. À medida que o mundo se torna cada vez mais interdependente e frágil, o futuro enfrenta, ao mesmo tempo, grandes perigos e grandes promessas. Para seguir adiante, devemos reconhecer que, no meio de uma magnífica diversidade de culturas e formas de vida, somos uma família humana e uma comunidade terrestre, com um destino comum. Devemos somar forças para gerar uma sociedade sustentável global baseada no respeito pela natureza, nos direitos humanos universais, na justiça econômica e numa cultura da paz. Para chegar a esse propósito, é imperativo que nós, os povos da Terra, declaremos nossa responsabilidade uns para com os outros, com a grande comunidade da vida, e com as futuras gerações.

Terra, nosso lar

A humanidade é parte de um vasto universo em evolução. A Terra, nosso lar, está viva, com uma comunidade de vida única. As forças da natureza fazem da existência uma aventura exigente e incerta, mas a Terra providenciou as condições essenciais para a evolução da vida. A capacidade de recuperação da comunidade da vida e o bem-estar da humanidade dependem da preservação de uma biosfera saudável, com todos os seus sistemas ecológicos, uma rica variedade de plantas e animais, solos férteis, águas puras e ar limpo. O meio ambiente global, com seus recursos finitos, é uma preocupação comum de todas as pessoas. A proteção da vitalidade, diversidade e beleza da Terra é um dever sagrado.

A situação global

Os padrões dominantes de produção e consumo estão causando devastação ambiental, redução dos recursos e uma maciça extinção de espécies. Comunidades estão sendo arruinadas. Os benefícios do desenvolvimento não estão sendo divididos equitativamente e o fosso entre ricos e pobres está aumentando. A injustiça, a pobreza, a ignorância e os conflitos violentos têm aumentado e são causa de

118 Leonardo Boff

grande sofrimento. O crescimento sem precedentes da população humana tem sobrecarregado os sistemas ecológico e social. As bases da segurança global estão ameaçadas. Essas tendências são perigosas, mas não inevitáveis.

Desafios para o futuro

A escolha é nossa: formar uma aliança global para cuidar da Terra e uns dos outros, ou arriscar a nossa destruição e a da diversidade da vida. São necessárias mudanças fundamentais de nossos valores, instituições e modos de vida. Devemos entender que, quando as necessidades básicas forem atingidas, o desenvolvimento humano é primariamente ser mais, e não ter mais. Temos o conhecimento e a tecnologia necessários para abastecer a todos e reduzir nossos impactos ao meio ambiente. O surgimento de uma sociedade civil global está criando novas oportunidades para construir um mundo democrático e humano. Nossos desafios ambientais, econômicos, políticos, sociais e espirituais estão interligados, e juntos podemos forjar soluções includentes.

Responsabilidade universal

Para realizar essas aspirações, devemos decidir viver com um sentido de responsabilidade universal, identificando-nos com toda a comunidade terrestre, bem como com nossa comunidade local. Somos ao mesmo tempo cidadãos de nações diferentes e de um mundo no qual a dimensão local e global estão ligadas. Cada um comparte responsabilidade pelo presente e pelo futuro, pelo bem-estar da família humana e do grande mundo dos seres vivos. O espírito de solidariedade humana e de parentesco com toda a vida é fortalecido quando vivemos com reverência o mistério da existência, com gratidão pelo presente da vida, e com humildade, considerando o lugar que ocupa o ser humano na natureza.

Necessitamos com urgência de uma visão de valores básicos para proporcionar um fundamento ético à emergente comunidade mundial. Portanto, juntos na esperança, afirmamos os seguintes princípios, todos interdependentes, visando a um modo de vida sustentável como critério comum, por meio dos quais a conduta de todos os indivíduos, organizações, empresas de negócios, governos e instituições transnacionais será guiada e avaliada.

1. Princípios

1. Respeitar e cuidar da comunidade de vida.
   Respeitar a Terra e a vida em toda a sua diversidade.
   Reconhecer que todos os seres são interligados e cada forma de vida tem valor, independentemente do uso humano.

Afirmar a fé na dignidade inerente a todos os seres humanos e no potencial intelectual, artístico, ético e espiritual da humanidade.

2. Cuidar da comunidade da vida com compreensão, compaixão e amor.

Aceitar que com o direito de possuir, administrar e usar os recursos naturais vem o dever de impedir o dano causado ao meio ambiente e de proteger o direito das pessoas.

Afirmar que o aumento da liberdade, dos conhecimentos e do poder comporta responsabilidade na promoção do bem comum.

3. Construir sociedades democráticas que sejam justas, participativas, sustentáveis e pacíficas.

Assegurar que as comunidades em todos os níveis garantam os direitos humanos e as liberdades fundamentais e dar a cada uma a oportunidade de realizar seu pleno potencial.

Promover a justiça econômica propiciando a todos a consecução de uma subsistência significativa e segura, que seja ecologicamente responsável.

4. Garantir a generosidade e a beleza da Terra para as atuais e as futuras gerações.

Reconhecer que a liberdade de ação de cada geração é condicionada pelas necessidades das gerações futuras.

Transmitir às futuras gerações valores, tradições e instituições que apoiem, a longo prazo, a prosperidade das comunidades humanas e ecológicas da Terra.

Para poder cumprir esses quatro extensos compromissos é necessário:

II. Integridade ecológica

5. Proteger e restaurar a integridade dos sistemas ecológicos da Terra, com especial preocupação pela diversidade biológica e pelos processos naturais que sustentam a vida.

Adotar planos e regulações de desenvolvimento sustentável em todos os níveis que façam com que a conservação ambiental e a reabilitação sejam parte integral de todas as iniciativas de desenvolvimento.

Estabelecer e proteger as reservas com uma natureza viável e da biosfera, incluindo terras selvagens e áreas marinhas, para proteger os sistemas de sustento à vida da Terra, manter a biodiversidade e preservar nossa herança natural.

Promover a recuperação de espécies e ecossistemas em perigo.

Controlar e erradicar organismos não nativos ou modificados geneticamente que causem dano às espécies nativas, ao meio ambiente, e prevenir a introdução desses organismos daninhos.

Manejar o uso de recursos renováveis, como a água, o solo, os produtos florestais e a vida marinha de modo que não excedam as taxas de regeneração e que protejam a sanidade dos ecossistemas.

120   Leonardo Boff

Manejar a extração e o uso de recursos não renováveis, como minerais e combustíveis fósseis, de forma que diminua a exaustão e não haja sério dano ambiental.

6. Prevenir o dano ao ambiente como o melhor método de proteção ambiental e, quando o conhecimento for limitado, tomar o caminho da prudência.

Orientar ações para evitar a possibilidade de sérios ou irreversíveis danos ambientais mesmo quando a informação científica seja incompleta ou não conclusiva.

Impor o ônus da prova àqueles que afirmam que a atividade proposta não causará dano significativo e fazer que os grupos sejam responsabilizados pelo dano ambiental.

Garantir que a decisão a ser tomada se oriente pelas consequências humanas globais, cumulativas, de longo prazo, indiretas e de longa distância.

Impedir a poluição de qualquer parte do meio ambiente e não permitir o aumento de substâncias radioativas, tóxicas ou outras substâncias perigosas.

Evitar que atividades militares causem dano ao meio ambiente.

7. Adotar padrões de produção, consumo e reprodução que protejam as capacidades regenerativas da Terra, os direitos humanos e o bem-estar.

Reduzir, reutilizar e reciclar materiais usados nos sistemas de produção e consumo e garantir que os resíduos possam ser assimilados pelos sistemas ecológicos.

Atuar com restrição e eficiência no uso de energia e recorrer cada vez mais aos recursos energéticos renováveis, como a energia solar e o vento.

Promover o desenvolvimento, a adoção e a transferência equitativa de tecnologias ambientais saudáveis.

Incluir totalmente os custos ambientais e sociais de bens e serviços no preço de venda e habilitar os consumidores a identificar produtos que satisfaçam as mais altas normas sociais e ambientais.

Garantir acesso universal ao cuidado da saúde que fomente a saúde reprodutiva e a reprodução responsável.

Adotar estilos de vida que acentuem a qualidade de vida e o suficiente material no mundo finito.

8. Avançar o estudo da sustentabilidade ecológica e promover a troca aberta e uma ampla aplicação do conhecimento adquirido.

Apoiar a cooperação científica e técnica internacional relacionada com a sustentabilidade, com especial atenção com as necessidades das nações em desenvolvimento.

Reconhecer e preservar os conhecimentos tradicionais e a sabedoria espiritual em todas as culturas que contribuem para a proteção ambiental e o bem-estar humano.

Garantir que informações de vital importância para a saúde humana e para a proteção ambiental, incluindo informação genética, estejam disponíveis ao domínio público.

III. Justiça social e econômica

9. Erradicar a pobreza como um imperativo ético, social, econômico e ambiental.

   Garantir o direito à água potável, ao ar puro, à segurança alimentar aos solos não contaminados, ao abrigo e ao saneamento seguro, distribuindo os recursos nacionais e internacionais requeridos.

   Prover cada ser humano de educação e recursos para assegurar uma subsistência sustentável, e dar seguro social [médico] e segurança coletiva a todos aqueles que não são capazes de manter-se a si mesmos.

   Reconhecer o ignorado, proteger o vulnerável, servir àqueles que sofrem e permitir-lhes desenvolver suas capacidades e alcançar suas aspirações.

10. Garantir que as atividades econômicas e instituições em todos os níveis promovam o desenvolvimento humano de forma equitativa e sustentável.

    Promover a distribuição equitativa da riqueza dentro das nações e entre elas.

    Incrementar os recursos intelectuais, financeiros, técnicos e sociais das nações em desenvolvimento e aliviar as dívidas internacionais onerosas.

    Garantir que todas as transações comerciais apoiem o uso de recursos sustentáveis, a proteção ambiental e normas laborais progressistas.

    Exigir que corporações multinacionais e organizações financeiras internacionais atuem com transparência em benefício do bem comum e responsabilizá-las pelas consequências de suas atividades.

11. Afirmar a igualdade e a equidade de gênero como pré-requisitos para o desenvolvimento sustentável e assegurar o acesso universal à educação, ao cuidado da saúde e às oportunidades econômicas.

    Assegurar os direitos humanos das mulheres e das meninas e acabar com toda a violência contra elas.

    Promover a participação ativa das mulheres em todos os aspectos da vida econômica, política, civil, social e cultural, como parceiras plenas e paritárias, tomadoras de decisão, líderes e beneficiárias.

    Fortalecer as famílias e garantir a segurança e a criação amorosa de todos os membros da família.

12. Defender, sem discriminação, os direitos de todas as pessoas a um ambiente natural e social, capaz de assegurar a dignidade humana, a saúde corporal e o bem-estar espiritual, dando especial atenção aos direitos dos povos indígenas e minorias.

122 Leonardo Boff

Eliminar a discriminação em todas as suas formas, como as baseadas na raça, cor, no gênero, na orientação sexual, religião, no idioma e origem nacional, na étnica ou social.

Afirmar o direito dos povos indígenas à sua espiritualidade, conhecimentos, terras e recursos, assim como às suas práticas relacionadas com formas sustentáveis de vida.

Honrar e apoiar os jovens das nossas comunidades, habilitando-os para cumprirem seu papel essencial na criação de sociedades sustentáveis.

Proteger e restaurar lugares notáveis, de significado cultural e espiritual.

IV. Democracia, não violência e paz

13. Fortalecer as instituições democráticas em todos os níveis e proporcionar-lhes transparência e prestação de contas no exercício do governo, participação inclusiva na tomada de decisões e no acesso à justiça.

    Defender o direito de todas as pessoas de receber informação clara e oportuna sobre assuntos ambientais e todos os planos de desenvolvimento e atividades que poderiam afetá-las ou nos quais tivessem interesse.

    Apoiar sociedades locais, regionais e globais e promover a participação significativa de todos os indivíduos e organizações na tomada de decisões.

    Proteger os direitos à liberdade de opinião, de expressão, de assembleia pacífica, de associação e de oposição [ou discordância].

    Instituir o acesso afetivo e eficiente a procedimentos administrativos e judiciais independentes, incluindo mediação e retificação dos danos ambientais e da ameaça de tais danos.

    Eliminar a corrupção em todas as instituições públicas e privadas.

    Fortalecer as comunidades locais, habilitando-as a cuidar dos seus próprios ambientes e designar responsabilidades ambientais em âmbito governamental onde possam ser cumpridas mais efetivamente.

14. Integrar na educação formal e na aprendizagem ao longo da vida os conhecimentos, valores e habilidades necessários para um modo de vida sustentável.

    Oferecer a todos, especialmente a crianças e a jovens, oportunidades educativas que os preparem a contribuir ativamente para o desenvolvimento sustentável.

    Promover a contribuição das artes e humanidades, assim como das ciências, na educação sustentável.

    Intensificar o papel dos meios de comunicação de massas no sentido de aumentar a conscientização dos desafios ecológicos e sociais.

    Reconhecer a importância da educação moral e espiritual para uma subsistência sustentável.

15. Tratar todos os seres vivos com respeito e consideração.

Impedir crueldades aos animais mantidos em sociedades humanas e diminuir seus sofrimentos.

Proteger animais selvagens de métodos de caça, armadilhas e pesca que causem sofrimento externo, prolongado e evitável.

Evitar ou eliminar ao máximo possível a captura ou a destruição de espécies que não são o alvo [ou objetivo].

16. Promover uma cultura de tolerância, não violência e paz.

Estimular e apoiar os entendimentos mútuos, a solidariedade e a cooperação entre todas as pessoas, dentro das nações e entre elas.

Implementar estratégias amplas para prevenir conflitos violentos e usar a colaboração na resolução de problemas para manejar e resolver conflitos ambientais e outras disputas.

Desmilitarizar os sistemas de segurança nacional até chegar ao nível de uma postura não provocativa da defesa e converter os recursos militares em propósitos pacíficos, incluindo restauração ecológica.

Eliminar armas nucleares, biológicas e tóxicas e outras armas de destruição em massa.

Assegurar que o uso de espaços orbitais e exteriores mantenha a proteção ambiental e a paz.

Reconhecer que a paz é a integridade criada por relações corretas consigo mesmo, com as outras pessoas, outras culturas, outras vidas, com a Terra e com o grande Todo do qual somos parte.

O CAMINHO ADIANTE

Como nunca antes na história, o destino comum nos conclama a buscar um novo começo. Tal renovação é a promessa dos princípios da Carta da Terra. Para cumprir esta promessa, temos de comprometer-nos a adotar e promover os valores e objetivos da Carta. Isso requer mudança na mente e no coração. Requer um novo sentido de interdependência global e de responsabilidade universal. Devemos desenvolver e aplicar com imaginação a visão de um modo de vida sustentável em âmbito local, nacional, regional e global. Nossa diversidade cultural é uma herança preciosa e diferentes culturas encontrarão suas próprias e distintas formas de realizar essa visão. Devemos aprofundar e expandir o diálogo global gerado pela Carta da Terra, porque temos muito a aprender na continuada busca de verdade e de sabedoria.

A vida muitas vezes envolve tensões entre valores importantes. Isso pode significar escolhas difíceis. Porém, necessitamos encontrar caminhos para harmonizar a diversidade com a unidade, o exercício da liberdade com o bem comum, objetivos de curto prazo com metas de longo prazo. Todo indivíduo, família, organização e comunidade têm um papel vital a desempenhar. As artes, as ciências, as religiões, as instituições educativas, os meios de comunicação, as empresas, as organizações não governamentais e os governos são todos chamados a oferecer uma liderança criativa. A parceria entre governo, sociedade civil e empresa é essencial para uma governabilidade efetiva.

Para construir uma comunidade global sustentável, as nações do mundo devem renovar seu compromisso com as Nações Unidas, cumprir com suas obrigações, respeitando os acordos internacionais existentes, e apoiar a implementação dos princípios da Carta da Terra juntamente com um instrumento internacional legalmente vinculante com referência ao ambiente e ao desenvolvimento.

Que o nosso tempo seja lembrado pelo despertar de uma nova reverência diante da vida, por um compromisso firme de alcançar a sustentabilidade, pela rápida luta pela justiça, pela paz e pela alegre celebração da vida.

OUTRAS OBRAS DO AUTOR

Jesus Cristo libertador. 19ª edição. Rio de Janeiro: Vozes, 1972.
Die Kirche als Sakrament im Horizont der Welterfahrung. Paderborn: Verlag Bonifacius-Druckerei, 1972. (edição esgotada)
A nossa ressurreição na morte. 10ª edição. Rio de Janeiro: Vozes, 1972.
Vida para além da morte. 23ª edição. Rio de Janeiro: Vozes, 1973.
O destino do homem e do mundo. 11ª edição. Rio de Janeiro: Vozes, 1973.
Atualidade da experiência de Deus. Rio de Janeiro: Vozes, 1974 (edição esgotada). Reeditado sob o título Experimentar Deus hoje. 4ª edição. Campinas: Verus, 2002.
Os sacramentos da vida e a vida dos sacramentos. 26ª edição. Rio de Janeiro: Vozes, 1975.
A vida religiosa e a igreja no processo de libertação. 2ª edição. Rio de Janeiro: Vozes/ CNBB, 1975. (edição esgotada)
Graça e experiência humana. 6ª edição. Rio de Janeiro: Vozes, 1976.
Teologia do cativeiro e da libertação. Lisboa: Multinova, 1976. Reeditado pela Vozes em 1998 (6ª edição).
Natal: a humanidade e a jovialidade de nosso Deus. 4ª edição. Rio de Janeiro: Vozes, 1976. Edição atualizada em 2000 (7ª edição).
Paixão de Cristo, paixão do mundo. 6ª edição. Rio de Janeiro: Vozes, 1977.
A fé na periferia do mundo. 4ª edição. Rio de Janeiro: Vozes, 1978. (edição esgotada)
Via sacra da justiça. 4ª edição. Rio de Janeiro: Vozes, 1978. (edição esgotada)
O rosto materno de Deus. 10ª edição. Rio de Janeiro: Vozes, 1979.
O Pai-Nosso. A oração da libertação integral. 11ª edição. Rio de Janeiro: Vozes, 1979.
Da libertação. O teológico das libertações sociohistóricas. 4ª edição. Rio de Janeiro: Vozes, 1976. (edição esgotada)
O caminhar da Igreja com os oprimidos. Rio de Janeiro: Codecri, 1980. (edição esgotada). Reeditado pela Vozes em 1998 (2ª edição).
A Ave Maria. O feminino e o Espírito Santo. 8ª edição. Rio de Janeiro: Vozes, 1980.
Libertar para a comunhão e participação. Rio de Janeiro: CRB, 1980. (edição esgotada)
Vida segundo o Espírito. Rio de Janeiro: Vozes, 1981. Reedição modificada pela Verus em 2002, sob o título Crise, oportunidade de crescimento. (3ª edição)
Francisco de Assis – ternura e vigor. 11ª edição. Rio de Janeiro: Vozes, 1981.
Via-sacra da ressurreição. Rio de Janeiro: Vozes, 1982. Reeditado pela Verus em 2003 sob o título Via-sacra para quem quer viver. (2ª edição)
Mestre Eckhart: a mística do ser e do não ter. Rio de Janeiro: Vozes, 1983. Reeditado sob o título O livro da Divina Consolação. (6ª edição).
Do lugar do pobre. 3ª edição. Rio de Janeiro: Vozes, 1984. Reedição revista pela Verus em 2003 sob os títulos Ética e eco-espiritualidade (2ª edição) e Novas formas da Igreja: o futuro de um povo a caminho (2ª edição).

126 Leonardo Boff

Teologia à escuta do povo. Rio de Janeiro: Vozes, 1984. (edição esgotada)
Como pregar a cruz hoje numa sociedade de crucificados. Rio de Janeiro: Vozes, 1984. Reeditado pela Verus em 2004, sob o título A cruz nossa de cada dia (2ª edição).
Teologia da libertação no debate atual. Rio de Janeiro: Vozes, 1985. (edição esgotada)
Francisco de Assis. Homem do paraíso. 4ª edição. Rio de Janeiro: Vozes, 1985.
A Trindade, a sociedade e a libertação. 5ª edição. Rio de Janeiro: Vozes, 1986.
Como fazer Teologia da Libertação? 9ª edição. Rio de Janeiro: Vozes, 1986.
Die befreiende Botschaft. Herder: Freiburg, 1987.
A Santíssima Trindade é a melhor comunidade. 10ª edição. Rio de Janeiro: Vozes, 1988.
Nova evangelização: a perspectiva dos pobres. Rio de Janeiro: Vozes, 1990. (edição esgotada)
La missión del teólogo en la Iglesia. Verbo Divino: Estella, 1991.
Leonardo Boff. Seleção de textos espirituais. Rio de Janeiro: Vozes, 1991. (edição esgotada)
Leonardo Boff. Seleção de textos militantes. Rio de Janeiro: Vozes, 1991. (edição esgotada)
Con la libertad del Evangelio. Madri: Nueva Utopia, 1991.
América Latina: da conquista à nova evangelização. São Paulo: Ática, 1992.
Mística e espiritualidade (com frei Betto). 4ª edição. Rio de Janeiro: Rocco, 1994. Reedição revista e ampliada pela Garamond em 2005 (6ª edição).
Nova Era: a emergência da consciência planetária. 2ª edição. São Paulo: Ática, 1994. Reeditado pela Sextante em 2003 sob o título Civilização planetária, desafios a sociedade e ao cristianismo.
Je m'explique. Paris: Desclée de Brower, 1994.
Ecologia – Grito da terra, grito dos pobres. 3ª edição. São Paulo: Ática, 1995. Reeditado pela Sextante em 2004.
Princípio Terra. A volta à Terra como pátria comum. São Paulo: Ática, 1995. (edição esgotada)
(Org.) Igreja: entre norte e sul. São Paulo: Ática, 1995. (edição esgotada)
A Teologia da Libertação: balanços e perspectivas (com José Ramos Regidor e Clodóvis Boff). São Paulo, Ática, 1996. (edição esgotada)
Brasa sob cinzas. 5ª edição. Rio de Janeiro: Record, 1996.
A águia e a galinha: uma metáfora da condição humana. 46ª edição. Rio de Janeiro: Vozes, 1997.
Espírito na saúde. (com Jean-Yves Leloup, Pierre Weil e Roberto Crema). 7ª edição. Rio de Janeiro: Vozes, 1997.
Os terapeutas do deserto. De Filon de Alexandria e Francisco de Assis a Graf Dürckheim (com Jean-Yves Leloup). 11ª edição. Rio de Janeiro: Vozes, 1997.
O despertar da águia: o dia-bólico e o sim-bólico na construção da realidade. 20ª edição. Rio de Janeiro: Vozes, 1998.
Das Prinzip Mitgefühl.Texte für eine bessere Zukunft, Herder: Freiburg, 1998.
Saber cuidar. Ética do humano – compaixão pela terra. 15ª edição. Rio de Janeiro: Vozes, 1999.
A oração de São Francisco: uma mensagem de paz para o mundo atual. 9ª edição. Rio de Janeiro: Sextante, 1999. Reeditado pela Vozes em 2009.
Depois de 500 anos: que Brasil queremos? 3ª edição. Rio de Janeiro: Vozes, 2000. (edição esgotada)
Voz do arco-íris. 2ª edição. Brasília: Letraviva, 2000. Reeditado pela Sextante em 2004.
Tempo de transcendência. O ser humano como um projeto infinito. 4ª edição. Rio de Janeiro: Sextante, 2000. (edição esgotada)

Espiritualidade. Um caminho de transformação. 3ª edição. Rio de Janeiro: Sextante, 2001.

Princípio de compaixão e cuidado (em colaboração com Werner Müller). 3ª edição. Rio de Janeiro: Vozes, 2001.

Globalização: desafios socioeconômicos, éticos e educativos. 3ª edição. Rio de Janeiro: Vozes, 2001.

O casamento entre o céu e a terra. Contos dos povos indígenas do Brasil. Rio de Janeiro: Salamandra, 2001.

Fundamentalismo: a globalização e o futuro da humanidade. Rio de Janeiro: Sextante, 2002. (edição esgotada)

Feminino e masculino: uma nova consciência para o encontro das diferenças (com Rose Marie Muraro). 5ª edição. Rio de Janeiro: Sextante, 2002. (edição esgotada)

Do iceberg à Arca de Noé: o nascimento de uma ética planetária. 2ª edição. Rio de Janeiro: Garamond, 2002.

Terra América: imagens (com Marco Antonio Miranda). Rio de Janeiro: Sextante, 2003. (edição esgotada)

Ética e moral: a busca dos fundamentos. 4ª edição. Rio de Janeiro: Vozes, 2003.

O Senhor é meu pastor: consolo divino para o desamparo humano. 3ª edição. Rio de Janeiro: Sextante, 2004. Reeditado pela Vozes em 2009.

Ética e eco-espiritualidade. 2ª edição. São Paulo: Verus, 2004. (edição revista de Do lugar do pobre e E a Igreja se fez povo, Vozes, 1984 e 1986, respectivamente)

Novas formas da Igreja: o futuro de um povo a caminho. 2ª edição. São Paulo: Verus, 2004. (edição revista de Do lugar do pobre e E a Igreja se fez povo, Vozes, 1984 e 1986, respectivamente)

Responder florindo. Rio de Janeiro: Garamond, 2004.

Igreja, carisma e poder. Rio de Janeiro: Record, 2005.

São José: a personificação do Pai. 2ª edição. Campinas: Verus, 2005.

Virtudes para um outro mundo possível vol. I – Hospitalidade: direito e dever de todos. Rio de Janeiro: Vozes, 2005.

Virtudes para um outro mundo possível vol. II – Convivência, respeito e tolerância. Rio de Janeiro: Vozes, 2006.

Virtudes para um outro mundo possível vol. III – Comer e beber juntos e viver em paz. Rio de Janeiro: Vozes, 2006.

A força da ternura. Pensamentos para um mundo igualitário, solidário, pleno e amoroso. 3ªedição. Rio de Janeiro: Sextante, 2006.

Ovo da esperança: o sentido da festa da Páscoa. Rio de Janeiro: Mar de Ideias, 2007.

Masculino, feminino: experiências vividas (com Lucia Ribeiro). Rio de Janeiro: Record, 2007.

Sol da esperança. Natal: histórias, poesias e símbolos. Rio de Janeiro: Mar de Ideias, 2007.

Eclesiogênese. A reinvenção da Igreja. Rio de Janeiro: Record, 2008.

Ecologia, mundialização e espiritualidade. Rio de Janeiro: Record, 2008.

Evangelho do Cristo Cósmico. Rio de Janeiro: Record, 2008.

Homem: satã ou anjo bom. Rio de Janeiro: Record, 2008.

Mundo eucalipto (com José Roberto Scolforo). Rio de Janeiro: Mar de Ideias, 2008.

Ethos mundial. Rio de Janeiro: Record, 2009.

Ética da vida. Rio de Janeiro: Record, 2009.

Opção Terra. Rio de Janeiro: Record, 2009.

Este livro foi composto na tipologia Rotis Serif,
em corpo 11/15,7, e impresso em papel off-white 80g/m²
pelo Sistema Cameron da Distribuidora Record
de Serviços de Imprensa S. A.